Einführung in das Christentum – für heute

PASSAUER FORUM THEOLOGIE
Herausgegeben von Hermann Stinglhammer

Band 3

Hermann Stinglhammer /
Bernhard Kirchgessner (Hg.)

Einführung in das Christentum – für heute

Der Glaube an Gott

Verlag Friedrich Pustet
Regensburg

Bibliografische Information der Deutschen Nationalbibliothek
Die Deutsche Nationalbibliothek verzeichnet diese Publikation in der Deutschen Nationalbibliografie; detaillierte bibliografische Daten sind im Internet über http://dnb.dnb.de abrufbar.

Gutenbergstraße 8 | 93051 Regensburg
Tel. 0941/920220 | verlag@pustet.de

ISBN 978-3-7917-3178-0
Reihen-/Umschlaggestaltung: Martin Veicht, Regensburg
Druck und Bindung: Friedrich Pustet, Regensburg
Printed in Germany 2020

eISBN 978-3-7917-7295-0 (pdf)

Inhalt

Vorwort

Im Jahr 2018 jährte es sich zum fünfzigsten Mal, dass die „Einführung in das Christentum“ Joseph Ratzingers erschienen ist, das wohl bekannteste Buch des berühmten Theologen und späteren Papstes der Katholischen Kirche. Inmitten der theologisch aufgewühlten Zeit der nachkonziliaren Ära wies es vielen Menschen entlang des christlichen Credos einen verlässlichen Weg in die bleibende Wahrheit des Glaubens. Immer wieder wurde es daher aufgelegt und in viele Sprachen übersetzt.

Der Leiter des Passauer Bildungshauses „Spectrum Kirche“, Herr Dr. Bernhard Kirchgessner, hat dieses Jubiläum zum Anlass genommen, an dieses theologische Werk und seinen Verfasser, der zudem ein Sohn dieses Bistums ist, zu erinnern. So sollte auch hier entlang der großen Worte des Apostolikums eine „Einführung in das Christentum“ konzipiert werden, das sich in das „Heute“ der Gegenwart hineingestellt weiß. Damit war auch der Titel für diese Publikation in drei kleineren Bänden gefunden.

Mir erschien dieses Projekt in zweifacher Weise wert, publiziert und einer größeren Öffentlichkeit zur Verfügung gestellt zu werden. Erstens ist das christlichen Glaubenswissen und ein entsprechendes Ethos des Christseins in den vergangenen fünfzig Jahren auch unter gläubigen Menschen dramatisch erodiert; die Verunsicherung in Bezug auf den Glauben ist angesichts einer sich aufgeklärt verstehenden Welt allzu groß geworden. Hilfe tut also not. Und Zweitens soll diese Fortschreibung der einstmaligen „Einführung in das Christentum“ in das Heute auch die Person ihres Verfassers ehren.

Bei aller Nähe zur ursprünglichen „Einführung“ springt doch ein markanter Unterschied ins Auge. Das Vorbild bietet einen Text aus einer Hand mit einer durchgängigen theologischen Perspektive, die dem Leser einen roten Faden mitgibt. Die hier gebotene Einführung basiert dagegen auf einer vielfältigen Verfasserschaft mit entsprechend divergierenden theologischen Zugängen. Die vorliegende Publikation entspricht so mehr dem Stil einer klassischen theologischen disputatio, die unterschiedliche Perspektiven zum Thema zu Wort kommen lässt. Dennoch wird sich, so ist zu hoffen, dem Leser ein verlässlicher Weg auf das Ganze des Glaubens auftun, wenn er danach fragt, was ihm die einzelnen Inhalte des Credos für sein Heute zu sagen haben.

Im Juni 2020 *Hermann Stinglhammer*

Geleitwort

Wer sich kundig machen will, was der christliche Glaube ist, woran der Christ glaubt und wie er lebt, orientiert sich am besten am Apostolischen Glaubensbekenntnis. In ihm sind die wesentlichen Grundwahrheiten des christlichen Glaubens enthalten, die bereits in der trinitarischen Gliederung sichtbar sind. Indem man das Apostolische Credo zu verstehen versucht, kann sich einem Inhalt und Sinn des christlichen Glaubens erschließen. Eine solche Auslegung hat der Dogmatikprofessor Joseph Ratzinger im Sommersemester 1967 an der Theologischen Fakultät in Tübingen gewagt. An seinen „Vorlesungen über das Apostolische Glaubensbekenntnis" haben sehr viele Studierende aus verschiedenen Fakultäten teilgenommen; und diese Vorlesungen wurden ein Jahr später mit dem Titel „Einführung in das Christentum" veröffentlicht.

Dem ersten größeren Buch von Joseph Ratzinger, selbstverständlich nach seinen streng wissenschaftlichen Arbeiten zu Doktorat und Habilitation, ist ein ganz großer Erfolg zuteil geworden, weil die Lesenden sofort gespürt haben, dass ihnen hier der christliche Glaube in einer neuen und frischen Weise nahe gebracht wird, freilich ohne irgendwelche Anpassungen an modische Zeittrends vorzunehmen oder irgendwelche Abstriche bei der Substanz zu machen. Der Erfolg dieses Buches ist so groß gewesen, dass der in der Zwischenzeit Kardinal gewordene Joseph Ratzinger im christlichen Jubiläumsjahr 2000 das Buch nochmals ohne jede Änderung herausgegeben konnte. In einem umfangreichen Vorwort zur Neuausgabe ist er nur darauf eingegangen, was sich in den über dreißig Jahren seit dem Erscheinen des Buches in Kirche und Gesellschaft geändert hat. Dabei hat er seine Analysen auf die zwei bedeutungsvollen Jahre 1968 und 1989 konzentriert, die er als „spezifische Markierungen der letzten Jahrzehnte des abgelaufenen Jahrtausends" wahrgenommen hat. Joseph Ratzinger hat damals angemerkt, dass bei einer Überarbeitung des Buches die in den drei vergangenen Jahrzehnten gemachten Erfahrungen in den Text aufgenommen werden müssten. Da das Buch aber bereits im Jahre 1968 von einer elementaren Zentralität der Gottesfrage und der Frage nach Christus geprägt gewesen ist, ist Joseph Ratzinger überzeugt gewesen, dass die Grundorientierung des Buches auch nach dreißig Jahren gültig bleibt.

Diese geschichtlichen Erinnerungen seien kurz erwähnt, weil sie zeigen, wie lohnend und sich bewährend es ist, wenn man als christlicher Theologe sein Denken am Apostolischen Credo orientiert. Sie zeigen deshalb auch, wie kontinuierlich und kohärent das theologische Denken von Joseph Ratzinger während seines ganzen Lebens als Theologieprofessor, Erzbischof, Kardinal und Papst geblieben ist und dass die ihm in den öffentlichen Auseinandersetzungen bis zum Exzess angedichtete „Wende", die er – ausgerechnet bereits in Tübingen – vollzogen haben soll, ein „Mythos" ist. Dies wird noch deutlicher, wenn man auch die erste Enzyklika von Papst Benedikt XVI. über die christliche Liebe „Deus caritas est" heranzieht. Wenn man sein Erstlingswerk „Einführung in das Christentum" aus dem Jahre 1968 und seine Erstlingsenzyklika „Deus caritas est" aus dem Jahre 2006 synoptisch liest, fallen einem bis in die Wortwahl und Satzkonstruktionen gleiche Wendungen auf.

Die „Einführung in das Christentum" hat bei ihrem Erscheinen wohl deshalb eine so große Resonanz gefunden, weil sie das richtige Buch zur richtigen Zeit gewesen ist. Es ist in jener kirchlichen Situation erschienen, in der die Gärungen der frühen Nachkonzilszeit in massiver Weise zu wirken begonnen haben. Denn nach dem Abschluss des Zweiten Vatikanischen Konzils ist es sehr bald zu einem heftigen Streit um die richtige Auslegung dieses Konzils gekommen, der bis heute schwelt, genauer der Streit, ob das Konzil einen Bruch mit der bisherigen Tradition der Kirche vollzogen hat, sodass man zwischen vorkonziliarer und nachkonziliarer Kirche prinzipiell unterscheiden oder sogar trennen muss, oder ob das Konzil die Kirche von ihren Quellen her erneuern wollte im Sinne einer Reform, zu der Neuheit und Kontinuität gleichermaßen gehören. In diesen Auseinandersetzungen hat Joseph Ratzinger seine Überzeugung ausgedrückt, dass das Konzil nicht einen neuen Glauben gebracht, sondern neue Wege der Glaubensvermittlung gewiesen hat, und dass das Konzil nicht eine neue Kirche geschaffen, sondern die eine Kirche von der Heiligen Schrift und den ersten Exegeten der Schrift, nämlich den Vätern, erneuert hat.

Diese Gärungen der Nachkonzilszeit standen im Hintergrund des Buches von Joseph Ratzinger, und sie haben einen deutlichen Niederschlag gefunden bereits im ersten Satz des Vorworts: „Die Frage, was eigentlich Inhalt und Sinn christlichen Glaubens ist, ist heute von einem Nebel der Ungewissheit umgeben, wie kaum irgendwann zuvor in der Geschichte.“ Wer in die heutige Situation der Kirche hinein schaut, wird nicht zur Überzeugung kommen können, der „Nebel der Ungewissheit“ hätte sich in der Zwischenzeit verzogen. Man muss vielmehr wahrnehmen, dass auch heute um die Grundwahrheiten des Glaubens in neuer Weise und intensiv gerungen werden muss.

Von daher ist es sehr zu begrüßen, dass das Exerzitien- und Bildungshaus auf Mariahilf „Spectrum Kirche“ in der Diözese Passau wiederum einen Glaubenskurs mit demselben Titel „Einführung in das Christentum“ angeboten hat, aus dem das vorliegende Buch hervorgegangen ist. Es unterscheidet sich vom Werk Joseph Ratzingers nicht nur dadurch, dass es nicht von einem Autor, sondern von verschiedenen Autoren verfasst ist, die zumeist an der Universität Passau gewirkt haben oder wirken oder mit ihr verbunden sind. Der Unterschied besteht vielmehr auch darin, dass die „Einführung in das Christentum“ nochmals in einem anderen gesellschaftlichen und kirchlichen Kontext als 1968 oder 2000 geboten wird. Aber sie bleibt dem Anliegen des ursprünglichen Werks von Joseph Ratzinger insofern treu, als sie den Lesenden eine gute Einführung in den christlichen Glauben bieten will und sich dazu wiederum am Apostolischen Glaubensbekenntnis orientiert. Denn damit ist auch uns Christen heute ein zuverlässiger Kompass in die Hand gegeben, der selbst im Nebel von heute die richtige Richtung anzugeben weiß.

In dankbarer Anerkennung dieser wertvollen Initiative wünsche ich ihr gutes Gelingen und den Lesenden des vorliegenden Buches kostbare Vertiefung im Glauben und neue Freude, Christ und Christin in der Glaubensgemeinschaft der Kirche sein zu dürfen.

Rom, Pfingsten 2020 *Kurt Kardinal Koch*

„Ich glaube, wir glauben"

Ein eröffnendes Gespräch mit dem Passauer Bischof Dr. Stefan Oster SDB

Bischof Dr. Oster hatte die Vortragsreihe, die in drei Bänden wiedergegeben wird, mit seinem Vortrag zum christlichen Gottesglauben eröffnet. Er hat die Zeit nicht gefunden, ihn als Aufsatz auszuarbeiten. Darum haben wir – Prof. Dr. Hermann Stinglhammer und Dr. Bernhard Kirchgessner – uns dafür entschieden, in einem Gespräch mit Bischof Oster die tragenden Linien seines Referates nachzuzeichnen.

Stinglhammer: Eine EINFÜHRUNG IN DAS CHRISTENTUM heute hat selbstverständlich von ganz anderen Voraussetzungen auszugehen als das berühmte Vorlesungsprojekt von Joseph Ratzinger damals in Tübingen vor 60 Jahren, das dann eines seiner wichtigsten Bücher geworden ist, auf das unser Vorhaben ja letztlich Bezug nimmt als Einführung in das Christentum heute. Herr Bischof, liegt für eine solche Fortschreibung nicht die größte Schwierigkeit darin, dass Glaube heute – wenn überhaupt – vor allem als meine persönliche Angelegenheit, als mein individuelles Gefühl verstanden wird? Eben als meine private Weltanschauung, in die ich mir von niemandem, auch nicht von der Kirche, hineinreden lasse?

Bischof Oster: Ja, ich glaube, es hängt damit zusammen, dass das Freiheitsparadigma der Moderne heute noch stärker, massiver geworden ist als früher – ohne dass man tiefer verstehen würde, was Freiheit eigentlich meint. Es gibt ein kürzlich erschienenes Buch von Karl-Heinz Menke mit dem Titel „Macht die Wahrheit frei oder die Freiheit wahr?" Die entscheidende Frage dabei ist, welcher Begriff von Freiheit dem zugrunde liegt. Heute heißt Freiheit oft, sich selbst die Norm sein. Darin bin ich autonom und dann auch gewissermaßen der Herr über meinen Glauben. Dieses Verständnis ist aber eigentlich nicht kompatibel mit dem, was z. B.

Paulus mit Freiheit meint, wenn er sagt „zur Freiheit hat uns Christus befreit“ oder „wir sind frei in Christus“. Er ist sich darin gewiss, dass er nie tiefer er selbst ist, als wenn er sich in Christus findet, dem Grund seiner Freiheit.

Stinglhammer: Also ein theonomes bzw. christozentrisches Freiheitsverständnis und eben kein autonomes.

Bischof Oster: Das ist die Herausforderung! Und von dorther müssen wir – glaube ich – heute zeigen, wohin eine autonome Freiheit führt. Wir sehen dies ganz aktuell am letzten Urteil des Bundesverfassungsgerichts zur Ermöglichung geschäftsmäßiger Sterbehilfe, welches von diesem Paradigma dramatisch geprägt ist. Obwohl in der Präambel des Grundgesetzes steht, dass es in seiner Gänze „in Verantwortung vor Gott“ formuliert worden ist, habe ich das Gefühl, dass sich die Autoren dieses Urteils eben dieser Verantwortung entledigt haben. Wenn Gott nicht mehr der Herr über Leben und Tod ist, was hätte er dann für einen Sinn in dieser Präambel?

Kirchgessner: Dann hat er bereits seine Funktion verloren …

Bischof Oster: Genau, das ist für mich das Dramatische. Natürlich kommen viele andere Faktoren dazu: dass wir in unserer Gesellschaft seit 70 Jahren in einem wachsenden Wohlstand leben, dass wir einen Materialismus, einen Individualismus leben. Ich meine, auch die Digitalisierung ist ein unglaublicher Faktor, den wir nicht unterschätzen dürfen bei der Frage nach der Glaubensverkündigung. Junge Menschen, Menschen überhaupt, leben gewissermaßen stundenlang im Modus der Ablenkung, der medialen Oberflächlichkeit. Glaube hat dagegen am Ende etwas damit zu tun, in die eigene Tiefe und in die Tiefe vor Gott zu finden. Das macht die Herausforderung für uns heute richtig groß.

Stinglhammer: Da schließt die zweite Frage ganz gut an: Gott ist „jemand“ und nicht „etwas“, und eine Ihrer Aussagen lautet ja: Von Gott her verstehen wir den Menschen besser und wir erfahren, wer wir wirklich sind. Ich beschäftige mich gerade ein wenig mit Romano Guardini, der sagt: Der Mensch ist Mensch nur in der Beziehung zu Gott, das von Gott her und auf Gott hin gegründete Wesen. Aber jetzt versteht sich ja heutzutage ein Gros der Menschen und sogar der Christen nicht mehr von Gott her und auch nicht auf Gott hin, wie Sie eben schon sagten. Wenn aber der Mensch sein Sein in der Beziehung zu Gott nicht mehr erkennen kann, wenn er das Du Gottes nicht mehr wahrnehmen kann oder auch will, kann er dann überhaupt noch Gott erkennen bzw. kann er dann noch einen Sinn in seinem Leben finden?

Bischof Oster: Die Frage ist wirklich gut formuliert. Und sie ist schwierig zu beantworten. Ich glaube, man müsste einen Ansatzpunkt finden dergestalt, dass im christlichen Verständnis der Schöpfer derselbe ist wie der Erlöser. Also – der Schöpfer ist der, der die Welt und uns selber aus Liebe erschaffen hat, sodass wir leben – ob wir wollen oder nicht – aus Liebe. Ich glaube schon, dass ganz viele Menschen dem in ihren Leben irgendwie auf die Spur kommen. Dass sie verstehen, dass der Sinn des Lebens am Ende womöglich doch Liebe ist. Natürlich ist es oft auch ein gebrochenes Verständnis von Liebe, das – im natürlichen, nicht im übernatürlichen Sinn – meistens auch mit Besitzergreifung zu tun hat: „Ich will dich schon lieben, aber ich will dich gerne haben – für mich!" Und wir als Christen verstehen, dass ein gereiftes Liebensverständnis auch durch die Erfahrung des Lassens, des Loslassens, des Befreitwerdens zum Du hindurchgehen muss, um den Anderen um seinetwillen zu lieben. Aber noch einmal, im Grund unserer Existenz ist Liebe. Und wenn der Mensch auf diese Spur kommt und dann den Sinn seiner Hingabe versteht, dann ist er auch schon auf der Spur des Sinns in seinem eigenen Leben. Papst Franziskus sagt immer, wir sollen nicht so viel fragen, wer bin ich, sondern vielmehr, wozu bin ich. Und dieses Wozu ist das Hingeordnetsein zur Welt, zum Anderen. Wir glauben: Erst in der Zuwendung zu Gott und in der Erfahrung, dass er sich uns in Liebe zuwendet, können wir uns weiter, tiefer hingeben, weiter hinausgehen gewissermaßen, als wir das natürlicherweise durchschnittlich können. Aber ja, die Frage ist natürlich berechtigt. Denn wenn es in meinem Leben Gott nicht gibt, dann habe ich auch alle Gründe dafür, egozentrisch zu leben und nur darauf zu schauen, was mein größter Vorteil ist, selbst in der Liebe. Es gab einen berühmten Fußballspieler, der hat einmal ein Interview über seine Lebensgeschichte gegeben und die Zeitung hat damit an Busstationen geworben mit riesigen Plakaten. Da stand dann die Überschrift: „Effenberg: in der Liebe bin ich Egoist!" Der unerlöste Mensch strebt auch in der Liebe noch nach seinem Vorteil – muss er ja. Insofern ist diese Frage schon sehr berechtigt und wir hoffen, dass Gott daher viele Menschen, die wirklich nach der Liebe streben, auch an sich zieht und rettet.

Stinglhammer: Dazu noch eine weitere Perspektive. Nicht wenige heute, auch in der Theologie, meinen, die Kirche habe sozusagen mit ihrem Credo die ursprüngliche Botschaft des Evangeliums entweder verfremdet oder aber das Evangelium sei für jede Zeit neu und damit auch offen zu interpretieren. D. h. so etwas wie eine Glaubenshinterlassenschaft im Sinne des klassischen depostium fidei wird letztlich nicht mehr gewollt: Christentum also höchstens als Existenzerhellung und vielleicht noch ein jesuanisches Ethos. Aber natürlich nicht die Rede von Sünde, Erlösung, Sohnschaft Gottes und die anderen großen Begriffe unseres Glaubens. Wie sollen wir damit umgehen – mit dieser Verflachung?

Bischof Oster: Ehrlich gesagt, ich habe immer den Eindruck auch im Umgang mit jungen Menschen, mit denen ich ja viel zusammen bin und versuche, den Glauben zu verkünden: Eine der ersten Erfahrungen, die wir als Christen heute die Menschen erfahren lassen müssten, ist nicht zuerst die Moral, ist auch nicht zuerst das Dogma, auch wenn beide sehr zentral sind und bleiben. Aber ich meine dennoch, das Erste wäre, die Menschen müssten erfahren, dass sie von uns radikal angenommen sind. Ein „Ja" zum anderen, einfach zunächst um seinetwillen. Vielleicht so: Es geht zunächst um die Fähigkeit, dem anderen die Füße zu waschen und ihn dann womöglich in die Frage hineinzuführen: „Warum tust du das eigentlich für mich?" – und dann kommt womöglich das, was wir glauben, worin wir in der Kirche leben. Denn natürlich merken wir auch gerade in der Polarisierung zwischen konservativ und liberal, dass eine liberalisierte Glaubensauslegung am Ende häufig zur Beliebigkeit führt – und hintergründig schleicht sich die Egozentrik dann doch wieder ein. Wir dienen dann zum Beispiel aus heimlichen Machtgründen oder aus Sucht nach Anerkennung. Unerlöst eben. Und eine eher konservative, aber eben nur verkündete und nicht mit Leben erfüllte Wahrheit neigt zu einer Egozentrik, die nicht hingabefähig ist: „Nur ich habe die Wahrheit, die Welt ist böse, die anderen sind böse, aber ich bin auf der richtigen Seite …“. Unser Herr hat aber auch noch die geliebt, die ihm die Nägel in die Hand getrieben und die Lanze in die Seite gestochen haben! Die Frage ist, ob unser Zeugnis wirklich ein Liebeszeugnis ist. Das ist – glaube ich – die Herausforderung für heute, um von dort her verstehen zu lernen, in was für einer ungeheuren Tradition wir leben – im ganz positiven Sinn. Also, ich verstehe Kirche nie zuerst als ein Set von Sätzen und nicht zuerst als Hierarchie, auch wenn die für das Ganze wichtig ist. Vielmehr: Ich darf eintreten in einen Raum, gewissermaßen in einen personalen Raum der Kirche. Die Kirche ist in einem bestimmten Sinn das Herz der Welt, in das ich eintreten kann. In ihrer Tiefe ist es die Mutter Gottes – und die heiligen Frauen und Männer, die Christus kennen und glauben, dass er es ist, der diesen Raum gewissermaßen erfüllt mit seiner Kraft und seinem Geist. Und die gelernt haben, aus ihm zu leben und über ihn zu sprechen. Vielleicht auch nur zu stammeln, weil all das, was wir über ihn sagen, ihn letztlich nie vollständig trifft. Aber das, was man über ihn dennoch wahrhaft sagen kann, das können wir in der Kirche staunend erfassen, in uns erwägen und lebendig werden lassen. Es ist in der geschichtlichen Gemeinschaft der Kirche da, in deren Lebensraum ich eintreten darf. Und das ist eine echte Lebensgemeinschaft, eine lebendige Überlieferung im Gehen mit dem Auferstandenen.

Stinglhammer: Man könnte wohl auch statt „Raum“ sagen, Christen treten so ein in die Urtradition ihres Glaubens, nämlich in die Hingabe Jesu Christi am Kreuz und machen diese zu ihrer eigenen Lebenserfahrung.

Bischof Oster: Genau. Und wenn ich von der Kirche spreche als Raum, dann trete ich ein in den Raum, in dem dieses Ja und Amen zu Gott schon gesprochen ist. Das ich aus mir selbst ja kaum leisten kann … Ich darf also in der Kirche sein, wo schon jemand zutiefst „Ja und Amen“ zu Jesus gesagt hat und darf so lernen, „Ja und Amen“ zu ihm zu sagen – und damit meine ich nicht, es einfach zu sagen, sondern lernen mit meinem ganzen Leben zu bezeugen.

Stinglhammer: Und mich von diesem Amen der Kirche auch tragen zu lassen.

Bischof Oster: Genau, ganz genau. Deswegen kann ich mir überhaupt nicht vorstellen, wie man sagen kann, ich brauche die Kirche nicht oder ich brauche das, was Sie „depositum fidei“ nennen, nicht. Und wenn Sie eben den Begriff Existenzerhellung gebraucht haben, dann ist eben dies die tiefste Existenzerhellung, tiefer als alle anderen. Paulus spricht in diesem Zusammenhang (vgl. Röm 7) ganz abgründig, da kommt kein Freud, kein Jung heran. Etwa, wenn er sagt, „Ich tue nicht das, was ich will, sondern was ich nicht will. Ich bin ein zutiefst Scheiternder, ein Sünder. Aber Gott sei Dank gehöre ich zum Leib Christi, Gott sei Dank gehöre ich zu Christus, der mir eine neue Möglichkeit des Menschseins schenkt.“

Stinglhammer: Die letzten Paradoxien des Menschen, seine Spannungen und die letzten Ausweglosigkeiten werden sozusagen durch den Glauben an Jesus Christus in ein ganz neues Licht und einen neuen Horizont gehoben, verwandelt.

Bischof Oster: Genau so!

Stinglhammer: Da schließt sich gleich die nächste Frage an. Unser Glaubensbekenntnis ist eigentlich, so haben Sie das sehr schön formuliert, etwas völlig anderes als ein Wissen von abstrakten Worten und Begriffen, sondern ein Erfahrungswissen, ein Lebenswissen. Welche Bedeutung kommt dann einer neuen Form der Katechese, vor allem auch in Bezug auf die Sakramente zu?

Bischof Oster: Spannende Frage. Wenn Sie sagen, eine neue Form der Katechese – ganz ehrlich – vermutlich muss man die erst einmal finden oder erfinden. Denn: Wo gelingt in der Kirche heute

Katechese, wo gelingt vor allem auch die Erwachsenenkatechese? Wir müssen eigentlich demütig anerkennen, dass wir darin nicht besonders gut gewesen sind. Wir merken, dass wir dort eine riesige Baustelle haben. Zunächst zum ersten Teil Ihrer Frage, zum Credo als begrifflich geronnene Erfahrung des Christlichen. Ich habe als Dogmatiker in mir selbst oft die Versuchung gemerkt, dass ich immer schon vom Resultat herkomme, weil ich das einfach voraussetze. Ich denke mir zum Beispiel bei Christus: Da sind theologisch gesprochen „zwei Naturen in einer Person" – so die Formulierung eines berühmten Konzils in der Antike. Und weil ich da selbst viel darüber nachgedacht und gestaunt habe, meint eine Seite in mir, das sei auch jedem anderen Katholiken so klar wie mir. Aber tatsächlich haben die Christen damals vor diesem Konzil Jahrhunderte darum gerungen, bis sie diese Formulierung gefunden hatten! Das heißt, wir Theologen müssen heute wieder viel bewusster wahrnehmen, dass die Leute im Grunde inhaltlich eher wenig wissen und wir müssen sie daher auf ihrem Weg so mitnehmen, dass sie unsere theologischen Einsichten mit ihrer Existenz in Verbindung bringen können. Natürlich, sofern sie ihren Weg überhaupt noch mit uns gehen wollen. Und natürlich müssen wir uns dann z. B. die Frage stellen, wie sich das Umfeld für die Sakramente der Taufe und der Firmung verändert hat. Ich wünsche mir, dass wir dabei ehrlicher werden. Wir haben noch eine Firmpraxis, die sehr stark traditionell-kirchlich geprägt ist. Nicht, dass das für damals schlecht war, aber ich glaube auch, dass die Zeiten sich so verändert haben, dass wir neue Formen brauchen. Ich weiß auch nicht, ob das neue Modell der Firmung mit 16 Jahren, das wir bei uns im Bistum entwickeln, letztlich trägt. Ich hoffe einfach nur auf ein wenig mehr Ehrlichkeit. Ob die Jugendlichen sich dann mit der Firmung ein bisschen besser auseinandersetzen, ob wir sie in der richtigen Weise abholen und begleiten – da ist noch einiges zu tun. Aber auch hier ist die Frage: Wie gelingt Menschen, die wir im Haupt- und Ehrenamt haben, die Katechese für Jugendliche? Das ist echt ein hartes Brett! Und die Versuchung, dass man am Ende doch nur Vertrauensspiele oder das Sich-Fallenlassen übt, wird da sein. Das ist ja alles gut, aber die Nagelprobe, die passiert dort, wo ich existenziell meinen Glauben mit meinem Leben in Verbindung bringen kann und das auch formulieren kann. Wir gehen ja aus meiner Sicht seit Jahrzehnten davon aus, dass wir alle einigermaßen dasselbe glauben. Aber das ist längst nicht mehr so, das gilt sogar bis in die Bischofskonferenz. Wir kommen zusammen, setzen selbstverständlich voraus, dass wir dasselbe glauben und auf dieser Basis arbeiten wir dann engagiert in der Pfarrei, im Dekanat, in der Bischofskonferenz. Aber die eigentliche Frage ist, ob wir mit unserem Credo, das wir im Gottesdienst sprechen, tatsächlich noch dasselbe meinen, ob wir noch dasselbe Menschenbild haben oder worum es geht bei der Erlösung durch Christus. Vielleicht trauen wir uns diese Frage auch nicht zu stellen, weil wir unterschwellig schon merken, dass wir keine gemeinsame Sprache mehr haben und oft von etwas ganz anderem reden.

Stinglhammer: Heißt das, dass wir im Grunde mit unserer Katechese fast von vorne anfangen müssen?

Bischof Oster: Im Grunde ja. Ja ich denke, wir haben in den letzten Jahrzehnten in dem Thema auf ganzer Linie versagt. Was ist denn eigentlich der Hauptauftrag der Kirche? Doch der, den Menschen in den Glauben hinein zu helfen, und zwar heute. Und wir tun so, als würde die gängige Form von Gläubigwerden immer noch funktionieren. Aber das funktioniert doch ehrlicherweise schon lange nicht mehr – zumindest nicht in einem volkskirchlichen Anspruch.

Stinglhammer: Es ist vielleicht dabei noch eine Dimension zu sehen. Christlicher Glaube ist ein Glaube im Wir. Es ist nicht mein eigener Glaube, den ich mir zusammengedacht und ausspekuliert habe, sondern ein Glaube, in den ich mich in das Subjekt der Kirche, in die Communio der Kirche hineinstelle. Und die alte Kirche hat ja das Christwerden im Katechumenat so gesehen, dass man von einem bewährten Christen das Christsein in seinen verschiedenen Facetten lernt, – nicht als eine äußerliche Praxis, sondern als einen innerlichen Vollzug. Vielleicht wäre dies der Weg, den wir heute wieder sehr sensibel und sehr behutsam und natürlich auch in sehr kleinen Schritten gehen müssten?

Bischof Oster: Ja, das glaube ich auch. Das mit dem Wir ist ganz entscheidend, weil wir nur von diesem Wir her eigentlich das Phänomen verstehen können, das wir Kirche nennen. Wenn ich vorher von diesem Raum gesprochen habe, dann übernehme ich einen Glauben, in dem nicht ich das Zentrum bin, sondern wo der Herr das Zentrum ist. Aber nun fragen wir uns sehr ehrlich: Wenn wir an den normalen volkskirchlichen Weg der Kirche denken, findet man da tatsächlich Menschen, die sich wirklich zu Jesus als ihrem Herrn bekehrt haben? Ist Bekehrung überhaupt eine Kategorie in der Verkündigung? Aber biblisch ist es eine sehr zentrale Kategorie. Die Menschen, die Jesus begegnen, ändern ihr Leben und lernen, neu von ihm her zu denken und zu leben. Und so etwas ist bei uns kaum noch existent. Also, deswegen – ja, glauben im Wir-Raum Jesu Christi. Und jetzt von Maria her gedacht – glauben im Wir-Raum Marias.

Stinglhammer: Ich stelle manchmal Christinnen und Christen in der Gemeinde oder auch an der Universität die Frage: „Sind Sie schon einmal gefragt worden, warum Sie so leben, wie Sie leben? Und sie konnten darauf antworten: ‚Weil ich Christ bin'"! Keiner konnte diese Frage bisher bejahend beantworten. Manche konnten mit dieser Frage gar nicht umgehen. Für mich heißt dies: Wir sind im Grunde in einem bestimmten kirchlichen Milieu und Profil unterwegs, dass uns irgendwie anerzogen, vielleicht auch andressiert wurde, das uns aber nicht in der Tiefe radikal personalisiert und verändert.

Bischof Oster: Und die große Frage ist, wie so ein Veränderungsprozess überhaupt geht. Was stößt ihn an, wer kann ihn begleiten? Das zieht sich bis hinein in unsere Priesterausbildung. Wie helfen wir den jungen Menschen, den jungen Männern, die Priester werden wollen, dass sie den Glauben nicht nur irgendwie haben, auch nicht nur gefühlsmäßig zu haben, sondern ihn existenziell zu erfahren und dann entschieden zu sein?

Kirchgessner: Aber ich meine, das, was Sie zuvor sagten, die Bedeutung der Zeugen, spielt heute eine ganz große Rolle. Sie zitieren da ja immer wieder auch Paul VI., wonach die Zeugen heute wichtiger sind als die Gelehrten, und wenn einer als Gelehrter überzeugt, dann weil er Zeuge ist. Und ich denke mir im Hinblick auf die Priesterausbildung: Wäre es manchmal nicht gescheiter, die Leute wären bei einem überzeugenden Priester in der Lehre nebst der Universität, und würden da etwas von dieser Begeisterung mitnehmen können?

Bischof Oster: Das ist ja das Modell, das Kardinal Lustiger in Paris ausprobiert hat. Die Schwierigkeit für uns ist natürlich, dass wir eine Großstadt bräuchten, wo wir um eine Universität herum genügend Pfarrer hätten, die das leisten können. Das ist schon mal ein Problem, das so ein Modell für uns schwierig macht. Wir versuchen natürlich auch bei uns eine gute Priesterausbildung unter den Verhältnissen in Passau, die vor Ort eben andere sind. Zudem: Wir wollen ja hier bei uns auf dem Domplatz auch eine sog. „Jüngerschaftsschule" einrichten. Das bedeutet: Es gibt bereits einige Gemeinschaften mit Erfahrungen, die dieses angesprochene Grundproblem adressieren. Sie fragen dann die Teilnehmenden zunächst einmal: Wie wird ein junger Mensch heute eigentlich Christ? Und wie wird er dann ein Jünger Jesu, denn das ist die Normalform des Christseins – und zwar existenziell? Sie machen das oft wochenlang theoretisch und praktisch anhand von Themen wie „Was ist deine Identität", „Was heißt es, dass Gott ein Vaterherz für dich hat?", „Was heißt das für dich?" An solchen Überlegungen mangelt es auch in der Priesterausbildung heute. Aber es sind fundamentale Fragen, die wir auch dort einbringen müssen. Es geht zum Beispiel darum, dass junge Menschen verinnerlichen: Ja, Gott ist wirklich ein Vater, und der sorgt für mich! Und das ist meine innerste Identität.

Stinglhammer: Das heißt ja dann noch einmal, dass Glaube nicht primär eine Technik oder ein begriffliches Wissen ist, sondern eben ein Lebenswissen, das in die Tiefe hinein geht.

Bischof Oster: Ja. Und es hilft mir, die Welt, mich selbst und den anderen anders zu sehen als die Welt das durchschnittlich tut.

Stinglhammer: Und das geht bis hinein in die wissenschaftliche Theologie. Wissenschaftliche Theologie kann sich im Grunde nicht lösen von einer gläubigen Erfahrung des jeweiligen Lehrenden und wird dann leer, wenn nur noch Begriffe reflektiert werden.

Bischof Oster: Ja, genau – aber sie tut es oft genug, oder?

Kirchgessner: Daran schließt sich die nächste Frage ganz gut an. Es war davon die Rede bei Ihnen vom glaubbaren „Etwas“, vom Glauben im „Wir“, vom Glauben an „Jemand“. Eine Ihrer Thesen lautet, Gott gibt sich selbst, er teilt sich uns in Christus mit, gibt sich in Christus für die Menschen hin. Von daher frage ich vor allen Dingen als Liturgiker: Müsste die Glaubensvermittlung dies nicht stärker mit der Rede von der Lebenshingabe Jesu, seinem „pro-nobis“ akzentuieren? Und müssten wir in der Konsequenz die Liturgie nicht so feiern, dass spürbar wird, wir feiern jetzt die Lebenshingabe Jesu, und das erfordert eigentlich von den Mitfeiernden eine klare Antwort – nämlich das zur Verfügungstellen meines Lebens oder meine Lebenshingabe an Gott.

Bischof Oster: Das ist ideal gedacht.

Kirchgessner: Ja, sehr ideal.

Bischof Oster: Die Frage ist: Müssen wir dabei mit einbeziehen, dass die allermeisten Menschen einschließlich wir selbst, erst auf dem Weg zu dieser radikalen Lebenshingabe sind – und oft längst nicht dort? Und daher neigen wir dazu, die Messlatte so weit runter zu setzen wie möglich, sodass jeder kommen darf und wieder dazu gehören kann. Das ist unsere große Herausforderung – diese Spannung zwischen einer echten Einladung an alle und dem Anspruch, der von der Eucharistie auch ausgeht. Denn natürlich, der Herr legt sich uns in die Hand und wir sagen „Amen, der Leib Christi“. Und wenn das stimmt, was Sie sagen – was ich auch glaube – dann ist die Frage an uns: Haben wir dieses Amen schon einmal je mit ganzem Herzen gesprochen? Und ehrlich gesagt, ich nicht. Ich bin ein Sünder, ich tue mich schwer mit dieser unfassbaren Gabe in meinem Leben! – Und auch da wieder: Wir feiern die Eucharistie in der Kirche, im innerlichen „Ja und Amen“, das die Mutter Gottes zum Kommen ihres Sohnes gesagt hat und immer wieder sagt – und mit allen heiligen Männern und Frauen, die zu ihr gehören, zu Christus gehören. Ich darf mich in dieses schon gesprochene „Ja und Amen“ hineinstellen und stammeln „Amen, ja, Herr, ich will es glauben und mit meinem Leben beantworten!“ Aber Sie haben natürlich Recht, wie vielen Menschen ist bewusst im normalen Gottesdienst, was wir da tun? Dass Christus sich uns gibt und wir uns ihm im gegenseitigen Austausch. Und wenn es um die ars celebrandi geht, um die Kunst, den Gottesdienst zu feiern, dann merken wir auch, dass viel vom Zelebrierenden abhängt: Steht er selbst in diesem Geheimnis der Hingabe? Und öffnet er den gläubigen Raum in der Weise, dass andere ihn „betreten“ und spüren können, dass es hier um Hingabe geht? Natürlich kann man nicht jeden Tag gleich gut drauf sein. Und dass wir Priester oft auch routiniert sind, ist nicht per se schlecht, weil es entlastet und wir in der Eucharistie nicht jedes Mal absolut gefordert sein können. Aber das ist eine Spannung und in dieser Spannung stehen wir. Don Bosco, mein Ordensvater, hat gesagt: „Feiere jede Messe so als wäre es deine erste und deine letzte!“

Kirchgessner: Schaut man auf Orte, an denen Kirche wächst, wird deutlich, es kommt wenigstens darauf an, dass die Leute spüren, dass der Zelebrant sich bemüht – ich möchte gar nicht sagen, dass er es erfasst hat – aber sich bemüht, innerlich zu vollziehen, was er tut. Dann kommt ein entsprechendes Feedback. Kürzlich gab es einen Bericht von einer Pfarrei in Berlin, wo sich am Sonntagmittag um 12 Uhr über 400 Menschen versammeln, weil offensichtlich, so wie ich es gelesen habe, dieser Priester genau das versucht.

Bischof Oster: Hier besteht natürlich immer die Frage nach dem Wie. Ich habe Priester kennengelernt, ich denke jetzt an einen oder zwei, auch aus meiner Gemeinschaft, bei denen ich das Gefühl hatte, der Unterschied zum Rattenfänger ist nicht immer so weit, also, dass jemand auch ein reines Spektakel inszeniert, sodass die Leute ihn großartig finden.

Stinglhammer: Und auch ein bisschen sich selbst inszenieren.

Bischof Oster: Genau. Sich selbst inszenieren, die Leute an sich ziehen und nicht zu Christus hin – und wenn der Pfarrer dann versetzt wird, geht es nicht mehr weiter. Und es zeigt sich, dass die Leute in der großartigen Feier des Gottesdienstes nicht auf den Herrn hin orientiert worden sind, weil alles nur auf den vermeintlich wunderbaren Pfarrer zugelaufen ist. Ja das zeigt: Es hängt unglaublich viel vom Zelebranten ab. Wir Priester sind biblisch gesprochen schon Schlüsselfiguren. Wir öffnen den Raum, von dem ich immer rede. In ihn kann jeder eintreten, da dürfen die Gläubigen spüren, hier ist die gute Weide, da gibt's die Nahrung, da ist etwas, was mich in der Seele berührt und mehr. Können wir diesen Raum aufsperren und dies heißt ja natürlich auch, sich dann selbst hinzugeben, aber gleichzeitig auch hinter das Geheimnis ganz zurückzutreten, was im gelingenden Fall ein- und dasselbe ist?

Kirchgessner: Dies hat mir mein Lehrer in der Liturgie immer nahegebracht: Ihr müsst, wenn ihr später zelebriert, voll präsent sein und euch zugleich so weit zurücknehmen, dass der Herr durch euch durchscheint und klar ist, dass es um ihn geht und nicht um euch.

Bischof Oster: Ja!

Stinglhammer: Was mir in diesem Zusammenhang noch wichtig ist und was mich in einer gewissen Weise irritiert, ist, dass Leute, die in den Gottesdienst gehen, meinen, dieser Gottesdienst sei ihr Dienst vor Gott. Aber es ist zunächst einmal der Dienst Gottes an den Menschen. Und diese Sicht ist oft verstellt und wird dann ritualistisch in der anderen Weise abgearbeitet: Wir glauben, Gott etwas geben zu müssen.

Bischof Oster: Auch da wieder, waren wir gut genug in der Vermittlung der Katechese? Ich frage meine Priester regelmäßig: Wo findet ihr gelingende Formen von Erwachsenenkatechese, die etwas anderes sind als unsere üblichen Abende zur Erstkommunion. Also, es ist wirklich eine Not, die wir haben, eine große Not. Sie haben völlig Recht. Die liturgische Bildung ist auch ein Kern, ein Kern dessen, was wir da miteinander feiern. Ich sage dies immer im Blick auf die Heilige Schrift, die wir in den Gottesdienst mit hinaustragen. Wir verehren sie dann mit Weihrauch, mit Kuss, mit Aufstehen und Hallelujah-Rufen. Das heißt symbolisch gesprochen: Es ist unglaublich wichtig, was wir da jetzt hören! Aber ganz ehrlich: Wer liest dann die Schrift daheim, wenn sie so wichtig ist, wie wir sie hier darstellen? An so einem Beispiel sieht man gleichzeitig, wie sich Rituale innerlich entleeren und verselbständigen.

Stinglhammer: Kann es nicht sein, dass wir alle der Wirklichkeit des Glaubens zu distanziert, zu modern gegenüberstehen, auch durch eine bestimmte Form theologischer Bildung?

Bischof Oster: Auch da – was heißt eigentlich theologische Bildung? Akademisch gehen wir immer noch so vor, wie wir es in den 80er Jahren gemacht haben. Und doch brauchen wir heute eigentlich völlig neue Formen von Bildung und Ausbildung für diese Zeit. Der Christ, zumal der Hauptamtliche, für heute und morgen wird ein Evangelisierer sein für diese plurale Gesellschaft und nicht ein Wahrer des Besitzstandes. Es ist toll, wenn er auch historisch-kritisch arbeiten kann. Aber er muss erst einmal tief in der Kirche stehen und mit der Kirche glauben, bevor er auch historisch-kritisch in Bezug auf die Bibel etwas Vernünftiges lernen kann. Ansonsten zerlegt er die Schrift und es bleibt nichts mehr übrig und er weiß nicht, was oder an wen er glauben kann.

Kirchgessner: Ich möchte aufgreifen, was Sie in Ihrer Verkündigung sehr betonen – Gott ist dreifaltig. Und doch ist Ihr Sprechen ganz stark jesuanisch geprägt. Sie sagen, wenn ich es mit Ihren Worten richtig wiedergebe, „ich möchte, dass die Leute mehr von Jesus erfahren, ihn besser kennenlernen, ihm begegnen können!“ Sie akzentuieren also sehr stark ein jesuanisches Gottesbild. Inwieweit geht das mit einem trinitarischen Gottesverständnis zusammen, wo sind die Schnittmengen, wo sind die Reibungsflächen, oder gibt es am Ende doch eine Lösung?

Bischof Oster: Also, ich mache das sehr bewusst. Ich meine, das ist heute auch sehr nötig, weil wir ganz oft feststellen, dass wir immer noch in einer Art „Zweistockwerkstheologie“ unterwegs sind, die sich so darstellt: Irgendwie glaube ich schon an etwas Höheres, an den Herrgott. Die Leute sagen: „Ich habe schon ein Gottvertrauen“. Aber ob das dann mein ganz konkretes Leben auch wirklich prägt, das ist dabei noch einmal eine ganz andere Frage. Und wenn ich dann die Heilige Schrift von unserer Glaubenstradition her lese, dann bin ich völlig überzeugt – ob man die Texte nun historisch-kritisch analysiert oder nicht – zuletzt gilt doch immer: Hier äußert sich Gott selbst – im Menschenwort. Und Jesus sagt selbst: Die ganze Schrift kann man von vorne bis hinten so lesen, dass sie direkt oder indirekt auf ihn verweist. Es geht in allem um ihn, sodass wir mit ihm sagen können, er allein ist der Weg und die Wahrheit und das Leben (vgl. Joh 14,6)! Und auch, dass niemand zum Vater kommt, außer durch ihn und dass er der einzige Name unter der Sonne ist, in dem das Heil ist. Und dazu der provokante Satz, „wer Vater und Mutter mehr liebt als mich, ist meiner nicht würdig“. Hier ist also einer, der ist größer als der Tempel und das Maß der Geschichte, weil sich in ihm der Vater selbst zeigt. Und deswegen meine ich, wir müssen Christus neu in die Verkündigung hineinbringen. Warum? Wie kann ich denn Gott lieben? Doch nur, weil er sich uns gezeigt hat, uns ein Gesicht gegeben hat, in dem man ihn lieben kann, denn ich kann Christus lieben. Und dann der zweite Schritt – wie geht das jetzt trinitarisch? Ja, wenn Gott der Vater Jesu ist und wenn ich lerne, Jesus zu lieben, dann lerne ich plötzlich mit Jesus auch „Vater“ sagen. Und worin lerne ich „Vater“ sagen? Im Heiligen Geist, im Geist Jesu, den er uns nach der Himmelfahrt an Pfingsten und in unserer Taufe geschenkt hat. Paulus sagt uns, dass wir „Vater“ sagen dürfen und es auch tatsächlich meinen, das bezeugt der Geist in uns. Ich kann „Vater“ nur mit dem Sohn sagen und „im“ Geist. Deswegen sage ich so oft, ich hätte so gerne einmal gehört, wie Jesus das Wort „Vater“ sagt, wenn er zu ihm betet. Die Jünger wollen ja von ihm beten lernen in dem Augenblick, wo sie sehen, wie er betet. Und dann gibt er ihnen das Vaterunser. Durch ihn, und in ihm und mit ihm kommen wir also zum Vater und lernen verstehen, wer Gott ist. Und das alles ereignet sich im Geist, der der Geist des Vaters und des Sohnes ist. Für mich gibt es zwischen Jesus und dem trinitarischen Glauben überhaupt keinen Widerspruch. Er ist in meinem Glauben an Jesus gegeben.

Kirchgessner: Es ist toll, wie leidenschaftlich Sie hier sprechen, da merkt man Ihnen an, wie sehr Sie daraus leben. Mich erinnert das Ganze an einen Passus in der Jesus-Trilogie von Papst Benedikt, wo er – ich kann es jetzt nur sinngemäß zitieren – sagt: Wer auf Jesus schaut, nimmt automatisch auch immer den Vater in den Blick. Ohne geht es eigentlich gar nicht.

Stinglhammer: Aber das heißt doch dogmatisch-theologisch formuliert: Die Menschwerdung Jesu und auch das Erlösungsgeschehen Jesu ist eigentlich trinitarisch gedacht nichts anderes, als dass er durch sein Leben und durch seinen Tod hindurch den Menschen in seine Vaterbeziehung hineinnimmt.

Bischof Oster: Ja, darum geht es. Das ist, meine ich, auch die Frage, wenn man die Leute fragt, was denn eigentlich der Kern des Evangeliums sei. Dann sagen wahrscheinlich die meisten, die Nächstenliebe. Und dann sage ich, nein – der Kern des Evangeliums ist: Jesus ist gekommen, um uns von unseren Sünden zu erlösen und uns in die Gemeinschaft des dreifaltigen Gottes hineinzulieben. Damit wir neu und vor allem im Herzen verstehen, wir haben einen Vater. Das bedeutet Erlösung! Jesus ist also zuerst ein Retter und nicht zuerst ein Gutmensch oder ein Tugendlehrer. Und ich bin ein Sünder und brauche Rettung. Das ist der Kern des Evangeliums.

Stinglhammer: Und Christsein heißt darum, mit Jesus gehen und von ihm her leben. Und daraus entfaltet sich dann im Grunde erst all das, was Glaube sozusagen in seiner ganzheitlichen Dimension und Gestalt ist.

Bischof Oster: Genau – mit Jesus gehen!

Stinglhammer: Es ist ein anspruchsvolles Programm, das Christsein, so schwer wie einfach zugleich. Welchen Weg kann dann die

Kirche – gerade heute in dieser sehr prekären Lage – für einen plausiblen Glauben verantwortlich gehen? Wird es möglicherweise eine Kirche der entschiedenen kleinen Herde sein, die inmitten dieser konkreten Gesellschaft den Glauben lebt als Sakrament und Zeichen der Einheit zwischen Gott und den Menschen, wie es die Kirchenkonstitution Lumen gentium an ihrem Beginn theologisch so schön ausdrückt? Oder eine Kirche, die den Menschen in dieser Gesellschaft den Glauben vorschlägt und ihn für ein sinnvolles Leben anbietet? Ich erinnere mich da an die französischen Bischöfe mit ihrem – wie ich finde – konstruktiven Projekt „proposer la foi", also: „den Glauben vorschlagen", wo sie einen gestuften Weg hinein in das Bekenntnis der Kirche ermöglichen wollen. Etwas Ähnliches hat auf anderer Ebene ja auch Papst Benedikt angestoßen mit seinem weltweiten Vorhaben eines „Vorhofes der Heiden", in dem es um eine Begegnung von Christen und Menschen anderer Religionen und Kulturen, bis hin zum säkularen Menschsein geht.

Bischof Oster: Alle drei zusammen sind wichtige Aspekte. Das Christentum der Zukunft wird ein Christentum der stärker Entschiedenen sein. Und wir sind im Augenblick in einer Situation, gerade in unserer Kirche in Deutschland, wo diese zwei Pole gewissermaßen miteinander ringen, stärkere Entschiedenheit einerseits oder stärkere Relativierung, das Absenken des christlichen Anspruchs entlang der Ansprüche, die die Gesellschaft stellt. Das, meine ich, ist ein Ringen und ich glaube, dass das Gewicht zugunsten der stärkeren Entschiedenheit ausfallen wird. Die Spannung, die darin liegt, ist, dass auch die Entschiedenheit in Freiheit möglich sein muss. Wir erleben ja gleichzeitig, dass es zwar Wachstumsorte von Glauben gibt, an denen es tatsächlich um Entschiedenheit geht. Aber nicht selten sind die auch betroffen durch Erfahrung sexuellen Missbrauchs oder auch geistlichen Missbrauchs. Es gibt also diese Spannung, den Menschen in die Entschiedenheit zu führen einerseits und andererseits darum zu wissen, dass das nur in Freiheit geht. Etwa so: Entschiedenes Christsein ist ein Gehen mit dem Herrn, mit dem du dich jeden Tag verbindest. Und wir sind eine Gemeinschaft, wir haben auch Standards in Grundüberzeugungen, das gehört dazu, aber niemand kann und darf dich da hineinzwingen; es muss immer ein Weg der Freiheit sein. Zudem: Christliche Freiheit zeigt sich dann auch an der Fähigkeit zur Offenheit und zum ehrlichen Gespräch mit den Vielen und an deiner Fähigkeit zum Dienst für viele. Und nun noch zur Frage nach der gestuften Form, auch von Feierformen, Gemeinschaftsformen, auch im volkskirchlichen Sinn. Wir haben an dieser Stelle die Messe. Und manchmal haben wir halt bloß die Messe. Gut, wir haben Rosenkranz und Andacht usw. Aber ich frage mich, wo gibt es eben Formen, die einführend sind in den Glauben, sodass wir zur Messe hinkommen? Ich bin sehr deutlich dafür, dass die Menschen Glaubenskurse machen sollen in ihren Pfarreien und es gelingt mehr oder weniger dort, wo das Thema verbunden ist mit Gebet und Anbetung. Dort ist fast immer auch Fruchtbarkeit festzustellen. Also, wo wir merken, geistliche Atmosphäre wird verbunden mit inhaltlicher Herausforderung und auch mit Auseinandersetzung, mit Zweifeln, mit Fragen, mit ehrlichem Ringen, dort spüren wir, es sind da und dort Aufbrüche da. Nicht die großen Massenbewegungen, aber Aufbrüche, bei denen Menschen anfangen, in das Ganze hineinzufinden und dann auch zum Beispiel die Messe tiefer zu verstehen. Ich würde die drei Dinge, die Sie da vorschlagen in Frageform kombinieren. Aber insgesamt ist das der Weg der Kirche in die Zukunft. Ich meine nicht, dass eine bloße Liberalisierung sowohl ökumenisch wie in Moral und Sittenfragen, irgendwie hilfreich ist. Es macht uns nur eher der Welt gleich, und das ist am Ende eher fad und ohne Geschmack.

Stinglhammer: Würde das nicht auch heißen, dass wir in Bezug auf die Eucharistie, die wir ja sozusagen als den selbstverständlichen Normalfall einer christlichen Liturgie ansehen, doch anspruchsvoller werden müssten? Und würde das auch heißen, dass es nicht überall und selbstverständlich – und zu jedem beliebigen Anlass – permanent eucharistische Gottesdienste gibt, sondern eben auch ganz andere Möglichkeiten, wo Gemeinden und Christen sich zusammenfinden?

Bischof Oster: Die Frage ist natürlich auch da, und darum ringen wir, ja. Auch darum, ob wir die anderen Formen auch am Sonntag feiern müssen. Weil wir auch erleben, dass jetzt z. B. in der Frage nach den Wort-Gottes-Feiern gelegentlich das Bestreben von manchen Laien spürbar ist, das jetzt am Sonntag zu machen, anstelle der Eucharistie. Das ist dann bisweilen eine Form der Klerikalisierung der Laien und nicht eine Form der Hinführung zur Eucharistie. Nach dem Motto: Meine Feier ist genauso gut oder besser als die vom Pfarrer. Ich glaube freilich – und das haben wir für Passau so schon formuliert – dass es in Zukunft so etwas wie geistliche Schwerpunktorte geben wird. Wo klar ist, dort ist meinetwegen sonntags um 10 Uhr immer und verlässlich die Hl. Messe – und zwar musikalisch und inhaltlich qualitätsvoll gefeiert; womöglich auch noch verbunden mit Gemeinschaftsangeboten, zum Beispiel mit einem Café, einer eigenen Kinderkatechese während der Messe oder auch noch mit dem Service des Pfarrbüros und ähnlichen. Dann geht man dort am Sonntag gerne hin – auch wenn es vielleicht nicht mehr im eigenen Dorf ist. Und unter der Woche müsste es dafür vor Ort Gruppen geben, kleine Gemeinschaften von Menschen, die sich untereinander im Glauben stärken, zum Beispiel miteinander die Schrift lesen und beten oder sich womöglich für soziale Bedürfnisse engagieren. Dann bleibt Kirche vor Ort einerseits, und zugleich kommen die Menschen zur Eucharistie an einem zentraleren Ort zusammen – und erleben auch Gemeinschaft.

Kirchgessner: Ich bin jetzt im 18. Jahr tätig in der liturgischen Aus- und Fortbildung. Und ich stelle erfreulicherweise fest, dass im Gegensatz zu den ersten Jahren, wo es diesen Typ Laien gab, der unbedingt am Sonntag „dransein“ wollte, das eigentlich in den letzten Jahren ganz verschwunden ist. Für die allermeisten ist ganz klar, der Sonntag ist der Tag der Eucharistie und nur im Notfall springen wir sonntags ein. Für die Leiter der Wort-Gottes-Feiern ist es selbstverständlich, dass der Sonntag der Tag der Eucharistie ist.

Bischof Oster: Vielleicht kann man diese Struktur der Aus- und Fortbildung in der Liturgie auch für die Glaubensbildung übernehmen. Dass man solche Ausbildungen haben könnte bei uns vor Ort, z. B auch dafür, einen Glaubenskurs inhaltlich leiten und organisieren zu können, etwa bei den sog. Alphakursen. Das wäre natürlich ein Segen.

Kirchgessner: Liturgisch ermutigen geht natürlich nur in Absprache mit dem Pfarrer vor Ort, wenn es vielleicht darum geht, einen Gebetskreis zu gründen; zu sagen, wir treffen uns dienstags zur Laudes und freitags zur Vesper und sich eine Gruppe bildet, die regelmäßig zum Gebet zusammenkommt. Der Pfarrer weiß darum, muss aber nicht dabei sein, aber vor Ort wird dennoch Gottesdienst im Kleinen gefeiert.

Bischof Oster: Ein guter Zusammenhang wäre auch die Form des Lobpreisens, die Menschen auch musikalisch ins Gebet einführen kann. Das ist vor allem auch für die jungen Menschen oft eine Form, mit der sie etwas anfangen können.

Kirchgessner: Und eine letzte Frage. Wir haben jetzt viel über die Glaubenskrise und über das Defizit an Glaubenswissen gesprochen. In der Theologie gibt es ja den Begriff der Hierarchie der Wahrheiten. Von hier aus die Frage an den Bischof: Was wäre denn für Sie die Notfallration des christlichen Glaubens? Ab wann kann man sagen, ist einer noch oder schon Christ? Was braucht er in seinem Päckchen, das er mitträgt?

Bischof Oster: Ich glaube, wir haben bereits vorher darüber gesprochen, es ist: „Ich gehe mit Jesus, ich versuche in eine persönliche Beziehung mit ihm zu kommen, ich weiß, ich bin ein erlösungsbedürftiger Sünder und ich weiß mich von ihm gerettet und deswegen in Verbindung mit Gott dem Vater." Das ist die Kernerfahrung des Christentums. Und dass Gott die bedingungslose Liebe ist, dass ich fallen kann und doch immer wiederkommen kann. Papst Franziskus sagt so schön in Evangelii gaudium, die Freude des Evangeliums erfüllt das Herz und das ganze Leben derer, die Jesus begegnen. Das ist im Grunde eine solche Kernerfahrung – die normalerweise auch immer verbunden ist mit einer Glaubensgemeinschaft.

Stinglhammer: Es geht also zunächst sozusagen nur um ein Christsein, das grundsätzlich bereit ist, in diesen Wir-Glauben einzutreten, der in der Kirche gelebt wird?

Bischof Oster: Ich bin natürlich viel mit Menschen aus dem weiteren kirchlichen Umfeld zusammen, weil mich beschäftigt, was eine Ökumene der Zukunft ist. Und diese Menschen haben oft einen viel weniger ausgeprägten Kirchenbegriff als Katholiken. Aber ja: Es geht auch wesentlich darum zu verstehen, dass ich zum Glauben die Gemeinschaft brauche. Es gibt keinen isolierten oder einzelnen Glauben. Hier gilt die kurze Formel von Benedikt XVI.: „Niemand kann alleine glauben!“

Stinglhammer: Und das ist eigentlich ein schönes Ende für unser Gespräch.

Bischof Oster: Danke.

Ludger Schwienhorst-Schönberger

Der Glaube an den einen Gott

In der Geschichte der Menschheit dürfte es keine Kultur gegeben haben, die gänzlich ohne Religion war. Die ältesten kulturellen Zeugnisse der Menschheit werden von der Forschung als Ausdruck religiöser Erfahrungen und Überzeugungen gedeutet. Dazu gehören die Höhlenmalereien aus der in Frankreich gelegenen Grotte Chauvet. Ihr Alter wird auf 30.000 Jahre geschätzt. Sie werden von den meisten Forschern als Ausdruck der Mythologie steinzeitlicher Menschengruppen gedeutet. In Verbindung mit dem Höhlenheiligtum waren sie wahrscheinlich Bestandteile ritueller Begehungen.

1. Der Sturz der Götter

Religion ist im wahrsten Sinne des Wortes etwas ganz Natürliches. Sie ist es in einem doppelten Sinn. Zum einen gehört Religion zur Natur des Menschen. So zumindest lehrt es uns die historische Anthropologie. Zum anderen beziehen sich die ältesten religiösen Äußerungen der Menschheit auf die Natur selbst. Oft sind es besondere und außergewöhnliche Erscheinungen in der Natur, die als etwas Göttliches, als etwas Numinoses erfahren und angesehen werden. Tiere und Pflanzen, Flüsse und ihre Quellen, Berge und Wälder, die Gestirne am Himmel, Blitz und Donner – sie alle werden in der einen oder anderen Weise als Ausdruck göttlicher Mächte oder als Wohnorte der Götter verehrt und aufgesucht. Die ältesten Religionen waren polytheistische Religionen. In ihnen wurden viele Götter und Göttinnen verehrt. Diese standen in einer engen Beziehung zu den Erscheinungen in der natürlichen Lebenswelt. Deshalb nennen wir diese Religionen *kosmotheistische Religionen*. In ihnen ist der Kosmos, die Welt, Ausdruck des Göttlichen. Da die Welt in vielfältiger Weise dem Menschen entgegenkommt, muss auch die göttliche Wirklichkeit selbst vielfältig sein. „Tretet ein, auch hier sind Götter“, lautet ein Wort, das dem griechischen Philosophen Heraklit zugeschrieben wird.

Etwas Weiteres kommt hinzu: Soweit bekannt sind alle antiken Religionen ikonische Religionen. Das heißt, in ihnen wird die göttliche Wirklichkeit in Form von Bildern (εἰκών) dargestellt. Bilder vermitteln in besonderer Weise die Gegenwart der Götter. Dabei ist vor allem an die Götterstatuen zu denken, die in den Heiligtümern aufgestellt sind. Will man mit den Göttern in Kontakt kommen, so geschieht dies insbesondere dadurch, dass man sich auf die Statuen und Bilder bezieht, die sie vergegenwärtigen. Vor ihnen legt man seine Gaben nieder, bringt Opfer dar und verrichtet Gebete.

Schaut man nun vor dem Hintergrund der Religionsgeschichte der Menschheit auf die Bibel, insbesondere auf das Alte Testament, so ist man erschrocken. Denn das, was seit Menschengedenken als das Natürlichste von der Welt angesehen wurde, wird hier verworfen. Es kommt zum Göttersturz: „Gott steht auf in der Gottesversammlung, inmitten der Götter hält er Gericht … Ich habe gesagt: Ihr seid Götter, ihr alle seid Söhne des Höchsten. Doch nun sollt ihr sterben wie Menschen, sollt stürzen wie einer der Fürsten“, lesen wir in Psalm 82. Etwas Ungeheuerliches ist hier geschehen, ein Bruch in der Geschichte der Menschheit. Was immer und überall geglaubt wurde, soll nun nichts als eine Täuschung sein? „Nichtig sind alle, die ein Götterbild formen, ihre geliebten Götzen nützen nichts … Wer sich einen Gott macht und sich ein Götterbild gießt, hat keinen Nutzen davon“, lesen wir im Buch des Propheten Jesaja (Jes 44,9f). Und weiter heißt es dort: „So spricht der HERR, Israels König, sein Erlöser, der HERR der Heerscharen: Ich bin der Erste, ich bin der Letzte, außer mir gibt es keinen Gott“ (Jes 44,6). Was hier geschieht, ist eine Revolution in der Kulturgeschichte der Menschheit. Jetzt soll es nur noch einen einzigen Gott geben und dieser Gott ist unsichtbar und kann bildlich nicht dargestellt werden? Kann das gut gehen?

2. Ein Volk in Abgeschiedenheit

Monotheismus und Bildlosigkeit, der Glaube an (den) *einen* Gott und das Verbot, diesen Gott bildlich darzustellen, waren Israels Alleinstellungsmerkmal in der Welt der Antike. Das in der Bibel bezeugte religiöse Symbolsystem stellt einen Bruch in der Religionsgeschichte der Menschheit dar. Israel ist sich dessen sehr wohl bewusst: „Welche große Nation hätte Götter, die ihr so nahe sind, wie der HERR, unser Gott, uns nahe ist, wo immer wir ihn anrufen?“ (Dtn 4,7), fragt Mose Israel unmittelbar vor dem Einzug in das gelobte Land. Im Rückblick auf die Offenbarung Gottes am Horeb fordert der Prophet das Volk auf: „Forsche doch einmal in früheren Zeiten nach, die vor uns gewesen sind, seit dem Tag, als Gott den Menschen auf der Erde erschuf; forsche nach vom einen Ende des Himmels bis zum andern Ende: Hat sich je etwas so Großes ereignet wie dieses und hat man je solches gehört? Hat je ein Volk mitten aus dem Feuer die donnernde Stimme eines Gottes reden gehört, wie du sie gehört hast, und ist am Leben geblieben?“ (Dtn 4,32f). In der Tat, das hatte es bisher noch nicht gegeben.

Da der Gott, an den Israel glaubt, sich nicht in die Reihe der anderen Götter einordnen lässt, kann und darf auch Israel nicht so werden „wie alle anderen Völker ringsum“. Israel lebt abgesondert von der Welt der Völker. Das hat immer wieder den Argwohn und den Hass anderer Nationen hervorgerufen. Davon weiß schon die Bibel zu berichten. Auf dem Weg in das verheißene Land zieht Israel durch das Gebiet von Moab. Balak, den König von Moab, überkommt die Angst, die Israeliten könnten zu mächtig werden. Er lässt den Wahrsager Bileam holen und erteilt ihm den Auftrag, das „Volk, das aus Ägypten ausgezogen ist, zu verfluchen“ (vgl. Num 22,5f). In einer beeindruckenden öffentlichen Inszenierung, bei der gleichzeitig auf sieben Altären Brandopfer dargebracht werden, wird dem Seher Bileam ein Gotteswort zuteil, das allerdings dem Wunsch seines Auftraggebers strikt zuwiderläuft. Er kann nichts anderes als die Wahrheit sagen und spricht in einem Orakel das berühmte Wort: „Doch wie kann ich verwünschen, wen Gott nicht verwünscht, wie kann ich verdammen, wen der HERR nicht verdammt? Denn vom Gipfel der Felsen sehe ich es, von den Höhen aus erblicke ich es: *Siehe, ein Volk, es wohnt für sich, es zählt sich nicht zu den Nationen*“ (Num 23,8f).

In der Tat ist Israel ein Volk, das sich nicht in die Reihe der anderen Nationen einordnen lässt. Das hängt mit seinem Gott zusammen, dem in der Reihe der anderen Götter kein Platz zugewiesen werden kann. Folglich bekommt Israel vor dem Einzug in das gelobte Land von seinem Gott die Anweisung, auf keinen Fall einen Bund mit den Bewohnern des Landes zu schließen. Denn das könnte Israel zu einer Falle werden. Es soll sich fernhalten von den Bewohnern des Landes und ihre Einladungen nicht annehmen: „Du hüte dich aber, mit den Bewohnern des Landes, in das du kommst, einen Bund zu schließen; sie könnten dir sonst zu einer Falle in deiner Mitte werden. Ihre Altäre sollt ihr vielmehr niederreißen, ihre Steinmale zerschlagen, ihre Kultpfähle umhauen. Du darfst dich nicht vor einem anderen Gott niederwerfen. Denn der HERR, der Eifersüchtige ist sein Name, ein eifersüchtiger Gott ist er. Hüte dich, einen Bund mit den Bewohnern des Landes zu schließen! Sonst werden sie dich einladen, wenn sie mit ihren Göttern Unzucht treiben und ihren Göttern Schlachtopfer darbringen, und du wirst von ihren Schlachtopfern essen. Du wirst von ihren Töchtern für deine Söhne Frauen nehmen; sie werden mit ihren Göttern Unzucht treiben und auch deine Söhne zur Unzucht mit ihren Göttern verführen. Du sollst dir keine Götter aus Metall gießen“ (Ex 34,12–17). In diesem von der Forschung *Privilegrecht* genannten Text kommt der innere Zusammenhang von Fremdgötterverbot, Bilderverbot und Bündnisverbot in aller Deutlichkeit zum Ausdruck. Doch zeigt sich hier nicht zugleich die verheerende Verbindung von Monotheismus, Intoleranz und Gewalt, wenn dazu aufgerufen wird, die Altäre und Kulteinrichtungen der anderen Völker zu zerstören? Ist dies die dunkle Seite des Monotheismus, auf die in jüngster Zeit vor allem der Ägyptologe Jan Assmann hingewiesen hat?[1]

---

1 Jan Assmann, Die mosaische Unterscheidung oder der Preis des Monotheismus, München 2003. Vgl. ferner die Beiträge in den Bänden Jan-Heiner Tück (Hg.), Monotheismus unter Gewaltverdacht. Zum Gespräch mit Jan Assmann, Freiburg 2015; Jan-Heiner Tück (Hg.), Sterben für Gott – Töten für Gott? Religion, Martyrium und Gewalt, Freiburg 2015.

3. Vom Sklavendienst zum Gottesdienst

Wenden wir uns dem alttestamentlichen Fremdgötterverbot zu. Es lautet: „Du sollst keine anderen Götter neben mir haben" (Dtn 5,7). Eng verbunden damit ist das Bilderverbot: „Du sollst dir kein Gottesbild machen, irgendeine Darstellung von etwas am Himmel droben, auf der Erde unten oder im Wasser unter der Erde. Du sollst dich nicht vor ihnen niederwerfen und ihnen nicht dienen" (Dtn 5,8f). Die Zehn Gebote sind im Alten Testament bekanntlich zweimal überliefert, einmal im Buch Exodus, ein zweites Mal im Buch Deuteronomium (Ex 20,1–17; Dtn 5,6–21). In der Deuteronomiumfassung des Dekalogs bilden Fremdgötter- und Bilderverbot *ein* zusammenhängendes Gebot: „Du sollst dich nicht vor *ihnen* niederwerfen" meint die anderen Götter, deren bildliche Darstellung verboten wird. Fremdgötter- und Bilderverbot sind die zwei Seiten einer Medaille.[2]

Die positive Entsprechung zum Fremdgötterverbot finden wir im Gebot der Gottesliebe in Dtn 6,4f: „Höre, Israel! Der HERR, unser Gott, der HERR ist einzig. Darum sollst du den HERRN, deinen Gott, lieben mit ganzem Herzen, mit ganzer Seele und mit ganzer Kraft." Das Gebot wird im Neuen Testament von Jesus als gültig bekräftigt und mit dem Gebot der Nächstenliebe aus Lev 19,18 verbunden (Mk 12,28–31).[3]

Allerdings steht das Gebot im Alten wie im Neuen Testament nicht an erster, sondern an zweiter Stelle. Dem *Ge*bot Gottes geht das *An*gebot Gottes voraus. Das Angebot Gottes bleibt kein leeres Versprechen, sondern hat sich erfüllt: „Ich bin der HERR, dein Gott, der dich aus dem Land Ägypten geführt hat, aus dem Sklavenhaus" (Dtn 5,6). Fachtheologisch sprechen wir von der Priori-

---

[2] Vgl. Frank-Lothar Hossfeld, Der Dekalog. Seine späten Fassungen, die originale Komposition und seine Vorstufen (OBO 45), Freiburg (Schweiz) – Göttingen 1982, 24: „Die Deuteronomiumfassung versteht das Bilderverbot unter dem Primat des Fremdgötterverbots und zieht die beiden zu einem Verbot zusammen. Die Exodusfassung verzichtet auf solche Verklammerung und bietet zwei Verbote mit eigenem Schwergewicht."

[3] Georg Braulik, Deuteronomium 1–16,17 (NEB.AT), Würzburg 1986, 57: „Der Sache nach ist aber auch das Gebot der Nächstenliebe bereits im Dtn gegeben. Es konkretisiert die Nächstenliebe nämlich in seinem Gesetz."

tät des Evangeliums vor dem Gesetz. Sie gilt sowohl für das Alte wie für das Neue Testament. Die Angesprochenen sind zuvor in einen anderen Seinszustand versetzt worden – und aus diesem veränderten Sein heraus erfolgt ein verändertes Handeln: Israel ist aus der Knechtschaft Ägyptens befreit worden und wird nun aufgerufen, aus dieser neu gewonnenen Freiheit heraus zu handeln und sein Leben zu gestalten. Deshalb wird in der jüdischen Tradition die Präambel des Dekalogs als erstes Gebot gezählt: „Ich bin der HERR, dein Gott, der dich aus dem Land Ägypten geführt hat, aus dem Sklavenhaus" (Dtn 5,6). Genau genommen hat ein Herrschaftswechsel stattgefunden: Aus der Herrschaft des Pharaos, die in den Tod führte, ist Israel befreit worden, und es hat sich am Sinai der Herrschaft Gottes unterstellt, die zum Leben und in das Land der Verheißung führt. Das Buch Exodus bleibt also nicht bei der Herausführung Israels aus Ägypten stehen, wie es in einer selektiven, vom Freiheitspathos verzerrten Rezeption oft gelesen wird. Im Buch Exodus geht Israel den Weg vom Sklavendienst zum Gottesdienst. Das Wort *dienen* ist eines der Leitworte des Buches. In Ex 1,13 heißt es: „Die Ägypter ließen die Israeliten hart *dienen.*" Die Alternative dazu nennt Gott bei der Berufung des Mose: „Wenn du das Volk aus Ägypten herausgeführt hast, werdet ihr Gott an diesem Berg *dienen*" (*abad*; Ex 3,12). Das Wort *Awoda* („Dienst") bezeichnet in der heutigen jüdischen Tradition den Gottesdienst, insbesondere das Gebet. „Das Gebet, das an die Stelle des Opfers getreten ist, wird ‚Gottesdienst des Herzens' genannt, auf Hebräisch *awoda sche'ba'lew.*"[4]

4. Ein neuer Bezug zur Welt

Der im Alten Testament bezeugte Monotheismus hat sich im Laufe einer komplexen Geschichte und in permanenter kritischer Auseinandersetzung mit einer polytheistisch geprägten Umwelt herausgebildet. Kennzeichen polytheistischer Kulturen ist, wie bereits erwähnt, zum einen die Verehrung mehrerer Götter und zum ande-

4 Andreas Nachama / Walter Homolka / Hartmut Bomhoff, Basiswissen Judentum, Freiburg 2015, 143.

ren die enge Korrelation von irdischer und himmlischer Welt. In den vielfältigen Erscheinungen der Natur sind die Götter selbst gegenwärtig.

Wie tief die religiöse Wahrnehmung der Welt im Menschen der Antike verankert war, lässt sich noch in den Bekenntnissen Augustins erkennen. Augustinus fragt: „Was aber ist es, wenn ich liebe meinen Gott?" Bezeichnenderweise wendet er sich mit dieser Frage zunächst an die Schöpfung:

> „Ich fragte die Erde, und sie sagte mir: ich bin es nicht; und alles, was in ihr ist, gestand mir das gleiche. Ich fragte das Meer und seine Tiefen und das Gekrieche seiner Lebewesen, und sie gaben mir die Antwort: wir sind dein Gott nicht; such droben über uns. Ich fragte die wehenden Winde, und es sprach der ganze Luftbereich mit seinen Bewohnern: es irrt sich Anaximenes; ich bin nicht Gott. Ich fragte den Himmel und Sonne, Mond und Sterne: auch wir sind nicht der Gott, den du suchst. Und ich sagte zu allen Dingen, die um mich her sind vor den Toren meines Fleisches: so saget mir von meinem Gott, weil nicht ihr selbst es seid, saget mir von ihm doch etwas. Und sie erhoben ein Rufen mit lauter Stimme: ‚Er ist's, der uns geschaffen hat.'"[5]

Von Ferne klingt noch ein polytheistisches Symbolsystem an. Der Mensch bezieht sich auf die Dinge der Welt als seien sie göttliche Wesen. Zwar ist der Polytheismus in kognitiver Hinsicht für Augustinus keine ernst zu nehmende Option, wohl jedoch war der vom Polytheismus gelebte Weltbezug für Augustinus eine existenzielle Herausforderung und bleibende Gefährdung. Die Dinge der

---

[5] Augustinus, Confessiones. Bekenntnisse. Lateinisch-Deutsch. Eingeleitet, übersetzt und erläutert von Joseph Bernhart, München 1955, X, 6, 9: „Interrogavi terram, et dixit: non sum; et quaecumque in eadem sunt, idem confessa sunt. Interrogavi mare et abyssos et reptilia animarum vivarum, et responderunt: non sumus deus tuus; quaere super nos. Interrogavi auras flabiles, et inquit universus aer cum incolis suis: fallitur Anaximenes; non sum deus. Interrogavi caelum, solem, lunam, stellas: neque nos sumus deus, quem quaeris, inquiunt. Et dixi omnibus his, quae circumstant fores carnis meae; dicite mihi de deo meo, quod vos non estis, dicite mihi de illo aliquid. Et exclamaverunt voce magna: ipse fecit nos."

Welt sind verlockend schön, herrlich, bisweilen auch schrecklich und überwältigend – sie sind wie Götter. Dieser Täuschung war Augustinus lange Zeit zum Opfer gefallen. Im zehnten Buch seiner Confessiones bekennt er, davon befreit worden zu sein. Jetzt kann er der Natur wie ein mit Vernunft begabter Richter Fragen stellen. Die Antworten sind zunächst negativ: Ich bin es nicht, wir sind es nicht, „wir sind nicht Gott".

Der hier beschriebene Vorgang entspricht strukturell der alttestamentlichen Fremdgötter- und Bilderkritik. Der gemeinsame atmosphärische Hintergrund ist mit Händen zu greifen: die Faszination, die von einer als göttlich wahrgenommenen Natur ausgeht, zugleich aber auch die eindeutige Zurückweisung ihres vermeintlich göttlichen Anspruchs. Es handelt sich um einen Vorgang, den wir als „Aufklärung" im besten Sinne des Wortes bezeichnen können: um einen geistesgeschichtlichen Prozess von umwälzender, revolutionärer Bedeutung, der im Alten Testament grundgelegt und entfaltet wurde. Dort lesen wir im Buch Deuteronomium: „Wenn du deine Augen zum Himmel erhebst und die Sonne und den Mond und die Sterne und das ganze Heer des Himmels siehst, dann lass dich nicht verführen, wirf dich nicht vor ihnen nieder und diene ihnen nicht! Der HERR, dein Gott, hat sie allen anderen Völkern unter dem Himmel zugewiesen" (Dtn 4,19). Der Text gibt deutlich zu erkennen, dass die Verehrung der Gestirne bei den Israel benachbarten Völkern üblich war. Das Deuteronomium scheint sogar den Astralkult als eine für diese Völker legitime Form religiöser Praxis zu akzeptieren. Für Israel aber ist die Verehrung der Gestirne verboten, weil es durch seine Geschichte in ein unmittelbares und besonderes Verhältnis zu JHWH gesetzt worden ist. Damit ist nun der wesentliche Unterschied zwischen dem biblischen monotheistischen Offenbarungsglauben und dem antiken Kosmotheismus benannt. Im biblischen Monotheismus steigt Gott gleichsam aus der Welt aus, um dann allerdings wieder in die Welt einzusteigen, sich den Menschen zuzuwenden und – im christlichen Glauben – einer von ihnen zu werden ohne seine Gottheit aufzugeben. Erst vor diesem Hintergrund wird verständlich, welche Revolution im Gottesbild in dem einfachen Satz aus dem ersten Johannesbrief zum Ausdruck kommt: „*Deus caritas est* – Gott ist Liebe" (1 Joh 4,16). Die Götter des antiken Mythos können im eigentlichen Sinne des Wortes nicht lieben. Sie walten, sie wirken, so wie die Mächte der Natur auf den Menschen einwirken, durchaus beeindruckend und Staunen erregend. Lieben aber können sie nicht. Im Kosmotheismus lebt der Mensch in einem symbiotischen Weltbezug. Erst der Austritt aus der symbiotischen Beziehung ist die Bedingung der Möglichkeit von Liebe. Dem Ausstieg Gottes aus der Welt entspricht aufseiten der Menschen die Abwendung von der Welt der Götter. Sie ist ein von den Gläubigen immer wieder neu zu vollziehender Akt. Das ist gemeint, wenn die christliche Tradition vom *contemptus mundi* spricht, von der Verachtung der Welt. Genau genommen geht es dabei nicht um eine Verachtung der Welt an sich, sondern um die Verachtung eines kontaminierten Weltbezugs, eines Bezugs zur Welt, bei dem die Dinge dieser Welt bewusst oder unbewusst wie Götter verehrt werden. Der verfehlte Weltbezug muss abgeschnitten werden, der Mensch ist eingeladen, sich dem göttlichen Grund anheimzugeben, sich verwandeln und reinigen zu lassen, um vom göttlichen Grund her den rechten Weltbezug neu aufzubauen. Das ist Aufklärung im biblisch verstandenen Sinn. In aller wünschenswerten Klarheit hat Meister Eckhart diese Zusammenhänge erkannt. Er spricht von der Abgeschiedenheit und sagt, dass seine ganze Lehre in diesem einen Wort zusammengefasst werden könne: Abgeschiedenheit.[6] Ohne Abgeschiedenheit, so Eckhart, kann Gott nicht erkannt werden: „Hier frage ich nun, was der lauteren Abgeschiedenheit Gegenstand sei. Darauf antworte ich wie folgt und sage, dass weder dies noch das der lauteren Abgeschiedenheit Gegenstand ist. Sie steht auf dem reinen Nichts."[7]

Nach Johannes Tauler muss der Mensch alles lassen, was nicht Gottes ist: „Der Mensch muss aufstehen von allem, was nicht Gott ist, von sich selber und von allen Geschöpfen."[8] Im Hintergrund

---

6 Meister Eckhart, Traktat 3. Von Abgeschiedenheit, in: Meister Eckhart, Werke II. Herausgegeben und kommentiert von Niklaus Largier, Frankfurt 1993, 434–459. Dazu die vorzügliche Einführung und Kommentierung von Niklaus Largier, ebd. 802–815.

7 Meister Eckhart, ebd. 451.

8 Johannes Tauler, Predigten. Band I. Übertragen und herausgegeben von Georg Hofmann, Einsiedeln [4]2007, Predigt 5, S. 35.

steht die subtile Beobachtung, dass der Weltbezug des Menschen durch die Sünde idolatrisch kontaminiert ist. Der Mensch verhält sich zu den Dingen und Begebenheiten dieser Welt, als seien sie Götter. Ihm ist das normalerweise nicht bewusst, da seine Wahrnehmung, und das heißt auch: seine Selbstwahrnehmung, durch die Sünde getrübt ist. Er merkt nicht, dass er sich der Welt liebedienerisch unterwirft. Mit seinem Herzen, mit seinem Begehren, mit all seinen Kräften haftet der Mensch an der Welt. Tauler spricht von Anhänglichkeiten an die Geschöpfe, mit denen der Mensch behaftet ist.[9] Diese Formen der Anhänglichkeit stürzen die Menschen ins Verderben. Das sieht auch die biblische Tradition so. Diejenigen, die auf andere Götter und deren Bilder ihr Vertrauen setzen, werden zugrunde gehen: „Nichtig sind alle, die ein Götterbild formen; ihre geliebten Götzen nützen nichts … Wer sich einen Gott macht und sich ein Götterbild gießt, hat keinen Nutzen davon“ (Jes 44,9f). So beginnt der von Tauler gewiesene geistige Weg damit, aufzustehen und sich von allem zu lösen, was nicht Gottes ist. Einer der Gründe für die Krise des christlichen Glaubens in der Moderne dürfte darin liegen, dass die Übung der Abgeschiedenheit in kirchlichen und theologischen Kreisen wie auch in der Breite des gläubigen Volkes nicht mehr bekannt ist, geschweige denn praktiziert wird.

5. Monolatrie, Monotheismus und Bilderverbot

Israel ist dem mit dem monotheistischen Bekenntnis verbundenen Anspruch nicht immer gerecht geworden. Die Religionen der Völker blieben für Israel vor allem im 7. und 8. Jahrhundert eine große Versuchung.[10] Vom judäischen König Manasse aus der ersten

---

[9] Johannes Tauler, Predigten. Band I. Übertragen und herausgegeben von Georg Hofmann, Einsiedeln ^{4}2007, Predigt 16, S. 109.

[10] Vgl. Moshe Weinfeld, Deuteronomy 1–11 (AncB 5), New York 1991, 206: „The temptation to worship the sun and moon in the ancient world was great. The beauty of the heavenly bodies appealed very much to ancient man … Astral worship was very common in the Assyrian and Babylonian culture and was widespread in Judah during the eighth and seventh centuries B. C. E.“

Hälfte des 7. Jahrhunderts wird im zweiten Buch der Könige erzählt, dass er sich, „wie es schon Ahab [870–851], der König von Israel, getan hatte, vor dem ganzen Heer des Himmels niederwarf und ihm diente“ (2 Kön 21,3). Er tut also genau das, wovor Dtn 4 warnt. Ähnlich sieht der Prophet Ezechiel, der in einer Vision nach Jerusalem entrückt wird, am Eingang zum Tempel zwischen Vorhalle und Altar fünfundzwanzig Männer, sehr wahrscheinlich waren es Priester, die mit dem Rücken zum Haus des HERRN, mit dem Gesicht gen Osten gewandt, die Sonne anbeteten (vgl. Ez 8,16). Israel ist also immer wieder der Faszination eines polytheistischen Weltverständnisses erlegen.[11]

In der Forderung: „Du sollst neben mir keine anderen Götter haben“, artikuliert sich – genau genommen – noch kein monotheistisches, sondern ein monolatrisches Bekenntnis: Die anderen Götter mag es irgendwie noch geben, aber sie dürfen für Israel keine Rolle mehr spielen. Zu einem explizit monotheistischen Bekenntnis dürfte es in Israel wohl erst in der Zeit des Exils, also im 6. Jahrhundert v. Chr., gekommen sein. In Jes 45,5–7 lesen wir: „Ich bin der HERR und sonst niemand; außer mir gibt es keinen Gott … Der das Licht formt und die Finsternis erschafft, der das Heil macht und das Unheil erschafft, ich bin der HERR, der all dies macht.“

Welcher intellektuellen Anstrengungen es bedurfte, um ein polytheistisches Symbolsystem vollständig zu dekonstruieren, zeigen die breit angelegten Auseinandersetzungen mit den Götterbildern im Buch Jesaja. Die Texte stammen wahrscheinlich aus dem 6. Jahrhundert, der Zeit des babylonischen Exils, und dürften aus dem Kontakt mit der babylonischen Religion entstanden sein. In ihrer polemischen Ausrichtung geben sie zu erkennen, dass Faszination und Plausibilität der babylonischen Götterwelt für viele Israeliten noch keineswegs gebrochen waren (Jes 44,9–18):

> „[9] Nichtig sind alle,/ die ein Götterbild formen;/ ihre geliebten Götzen nützen nichts./ Und ihre Zeugen, sie sehen nichts/ und verstehen nichts; darum werden sie beschämt.

---

11 Vgl. Jer 8,2.

10 Wer sich einen Gott macht/ und sich ein Götterbild gießt,/
hat keinen Nutzen davon.
11 Siehe, all seine Anhänger, die sich ihm anschließen, werden
beschämt,/ die Schmiede sind nichts als Menschen./ Sie sollen
sich alle versammeln und vortreten;/ dann werden sie alle von
Schrecken gepackt und beschämt.
12 Der Schmied macht ein Beil und arbeitet in der Glut,/ formt
es mit Hämmern/ und bearbeitet es mit kräftigem Arm./ Dabei
wird er hungrig und hat keine Kraft mehr./ Trinkt er kein Was-
ser, so wird er ermatten.
13 Der Schnitzer spannt die Messschnur,/ er entwirft das Bild
mit dem Stift/ und schnitzt es mit den Messern; er umreißt es
mit dem Zirkel/ und macht die Gestalt eines Mannes,/ das
prächtige Bild eines Menschen;/ in einem Haus soll es wohnen.
14 Man fällt eine Zeder, wählt eine Terebinthe/ oder sonst einen
mächtigen Baum, den man stärker werden ließ/ als die übrigen
Bäume im Wald./ Oder man pflanzt einen Lorbeerbaum,/ den
der Regen groß werden lässt.
15 Und es dient dem Menschen zum Heizen;/ er nimmt davon
und wärmt sich. Auch schürt man das Feuer und bäckt damit
Brot./ Oder man schnitzt daraus einen Gott/ und wirft sich nie-
der vor ihm; man macht ein Götterbild/ und fällt vor ihm auf
die Knie.
16 Einen Teil des Holzes verbrennt man im Feuer,/ darüber isst
man das Fleisch;/ man brät einen Braten und sättigt sich./ Auch
wärmt man sich am Feuer und sagt:/ Oh, wie ist mir warm! Ich
sehe das Feuer.
17 Aus dem Rest des Holzes aber macht man sich einen Gott,/
sein Götterbild, vor das man sich beugt und niederwirft,/ zu
dem man betet und sagt:/ Rette mich, du bist doch mein Gott!
18 Unwissend sind sie und ohne Verstand;/ denn ihre Augen
sind verklebt,/ sie sehen nichts/ und ihr Herz hat keine Ein-
sicht.“

Die Hersteller von Götterbildern werden hier verspottet. Sehr detailgetreu wird die Anfertigung von Götterstatuen dargestellt: vom Fällen eines mächtigen Baumes (Vers 14) über das Schnitzen der Figur (Vers 13) bis hin zur Anfertigung der Metall- und Goldapplikationen (Vers 12). Die Kritik unterstellt, dass die Götterbilder selbst angebetet werden: „Aus dem Rest des Holzes aber macht man sich einen Gott, sein Götterbild, vor das man sich beugt und niederwirft, zu dem man betet und sagt: ‚Rette mich, du bist doch mein Gott!'" (Jes 44,17).

Selbst in nachexilischer Zeit ist die Faszination, die von den Gestirnen ausgeht, noch mit Händen zu greifen. So lesen wir etwa in der großen Unschuldsbeteuerung Ijobs: „Wenn ich die leuchtende Sonne sah, wie sie strahlte, den Mond, wie er herrlich dahinzog, wenn heimlich sich mein Herz betören ließ und meine Hand dem Mund zum Kuss sich bot, auch das wäre ein Verbrechen, vom Richter zu strafen, denn Gott da droben hätte ich verleugnet" (Ijob 31,26–28). Ijob bekennt, dass er der Faszination von Sonne und Mond nicht erlegen ist, dass er die Gestirne nicht angebetet hat. Andernfalls, so Ijob, hätte er „Gott da droben verleugnet". Hier können wir deutlich den Zusammenhang von Monotheismus und Entdivinisierung der Natur beobachten.

Dieser Prozess hat sich auch terminologisch in der Schöpfungserzählung von Gen 1 niedergeschlagen. Am vierten Tag, so lesen wir in den Religionsbüchern, habe Gott die Sonne und den Mond erschaffen. Das ist sachlich richtig. Sprachlich fällt allerdings auf, dass die Worte „Sonne" (*schämäsch*) und „Mond" (*jareach*) in diesem Zusammenhang gar nicht begegnen. Offensichtlich hat sie der Verfasser von Gen 1 bewusst vermieden. In Gen 1,14–16 heißt es: „Dann sprach Gott: *Lichter* sollen am Himmelsgewölbe sein, um Tag und Nacht zu scheiden … Gott machte die beiden großen *Lichter*, das große zur Herrschaft über den Tag, das kleine zur Herrschaft über die Nacht, und die Sterne." Sonne und Mond werden hier – beinahe schon ein wenig despektierlich – als „große und kleine Lichter" bezeichnet. Offensichtlich sollen die mit ihren eigentlichen Bezeichnungen verbundenen göttlichen Konnotationen vermieden werden. *Schamasch* war in Babylonien der Sonnengott. Er verjagt das Dunkel, verbreitet Licht über die ganze Welt, deckt das Verborgene auf und ist insofern auch Gott der Gerechtigkeit, der alles sieht und den Schuldigen bestraft. Vor diesem religionsgeschichtlichen Hintergrund dürfte die Erzählung vom fünften Schöpfungswerk in Gen 1 als eine offensichtlich intendierte Entdivinisierung der Gestirne zu verstehen sein.

Nun enthält der hier beschriebene Prozess der Entdivinisierung der Natur auch spezifische Gefahren. Wenn die Götter aus der Welt vertrieben werden und wenn es nur noch *einen* Gott gibt, der außerhalb der Welt und ihr gegenübersteht, besteht dann nicht die Gefahr, dass es keinerlei Beziehung mehr zwischen Gott und der Welt gibt? Die Welt wird die Götter los; wird sie damit auch gottlos? Die im Kosmotheismus den Mächten der Natur zugesprochenen göttlichen Bedeutungsgehalte werden desemantisiert; wird damit die Welt nicht bedeutungslos? Geht dem Menschen damit nicht auch ein Stück „Weltbeheimatung“ verloren?[12]

An dieser Stelle nun kommt ein weiterer, wichtiger Aspekt biblischer Schöpfungstheologie zum Tragen. Die Dinge der Welt sind zwar keine Götter, sie sind aber auch nicht nur Dinge ohne Bedeutung; sie sind Zeichen, die auf den verweisen, der sie erschaffen hat. Und sie verweisen nicht nur auf den, der sie geschaffen hat, sondern sie loben und preisen ihn: „Lobt ihn, Sonne und Mond, lobt ihn, all ihr leuchtenden Sterne!“ (Ps 148,3). In gewisser Weise wird sogar den leblosen Geschöpfen nach dem Prozess der Entdivinisierung wieder eine Art von personaler Qualität zugesprochen, aber nicht in Konkurrenz zu dem einen Gott, sondern in Analogie zu dem, der sie erschaffen hat und sich in seiner Schöpfung ausspricht und sich dem Menschen durch die Geschöpfe zuspricht. Demnach ist auch die Schöpfung in der Vielfalt ihrer Erscheinungen ein Ort der Offenbarung Gottes.

6. Abschwächung des Monotheismus im Christentum?

An dieser Stelle müssen wir auf einen Einwand eingehen, der von jüdischer und vor allem von islamischer Seite bisweilen gegen das

---

[12] Dieser Begriff im Anschluss an Assmann, Die mosaische Unterscheidung (Anm. 1), 63. Vor allem Jan Assmann hat wesentlich dazu beigetragen, die Plausibilitäten des Kosmotheismus zu verstehen. Erst vor dem Hintergrund eines angemessenen Verständnisses desselben, so Assmann, lassen sich auch die unaufgebbaren Errungenschaften des sich davon absetzenden biblischen Monotheismus begreifen, freilich kommen dabei auch seine Gefährdungen in den Blick. Vgl. ebd. 59–81.

christliche Glaubensbekenntnis vorgebracht wird. Der Vorwurf lautet, das Christentum habe mit seinem Bekenntnis zu Jesus Christus als dem Sohn Gottes und mit seiner Lehre von der Trinität das monotheistische Bekenntnis verlassen. Was ist davon zu halten? Zunächst einmal ist zuzugeben: Wenn Christen mit dem Neuen Testament sagen: „Jesus ist der Sohn Gottes“, dann klingt das für Juden und Muslime höchst missverständlich. Warum? Das Alte Testament wie auch der Koran sind über weite Strecken geprägt von einer Auseinandersetzung mit einem polytheistischen Symbolsystem. Die Kultur, in die das biblische Israel eingebettet war, war polytheistisch geprägt: In den religiösen Kulturen Ägyptens, Mesopotamiens, Kanaans und Syriens wurden durchgehend viele Götter und Göttinnen verehrt. Die Götter bildeten in der Regel Familien und Konstellationen, sie waren genealogisch miteinander verbunden. Das heißt: Es gab Göttersöhne, es gab Muttergottheiten und Vatergottheiten. Götter zeugten miteinander Söhne und Töchter, die dann selbst wiederum Götter waren. Man könnte sagen: Wie auf Erden, so im Himmel. Das Alte Testament setzt sich intensiv mit diesen polytheistischen Religionen auseinander und verwirft sie. Vor diesem Hintergrund wird verständlich, weshalb die Bezeichnung von Gott als Vater im Alten Testament sehr selten und die Bezeichnung von Gott als Mutter noch seltener vorkommt. JHWH hat keine Götter gezeugt und geboren, in diesem Sinne ist er weder Vater noch Mutter.[13]

Ähnlich ist die Entstehung des Islams vor dem Hintergrund der Auseinandersetzung mit dem Polytheismus der arabischen Halbinsel zu verstehen. Im Koran, Sure 3,64, heißt es: „Sprich: Ihr Buchbesitzer! Kommt her zu einem Wort zwischen uns und euch auf gleicher Ebene! Dass wir keinem dienen außer Gott, dass wir ihm nichts beigesellen und dass wir uns nicht untereinander zu Herren nehmen neben Gott.“[14] Vor dem Hintergrund des Kampfes gegen den Polytheismus wird das christliche Bekenntnis zu Jesus als

---

[13] Dazu ausführlich Ludger Schwienhorst-Schönberger, Gott als Mutter? in: IKaZ 44 (2015) 3–21.

[14] Übersetzung hier und im Weiteren im Anschluss an: Der Koran. Aus dem Arabischen neu übertragen und erläutert von Hartmut Bobzin unter Mitarbeit von Katharina Bobzin, München ^{2}2017.

dem Sohn Gottes häufig als Rückfall in den Polytheismus verstanden. Noch dramatischer wird es, wenn das Konzil von Ephesus (431 n. Chr.) Maria, die Mutter Jesu, als „Gottesgebärerin" (*Theotokos*; *Dei genitrix*) dogmatisch verbindlich deklariert. Hat Maria eine Gottheit geboren? Sowohl von jüdischer als auch von islamischer Seite wird dies häufig als Rückfall in den Polytheismus verstanden. Im Koran, Sure 5,116, heißt es: „Und damals, als Gott sprach: O Jesus, Sohn Marias, hast du den Menschen denn gesagt: ‚Nehmt mich und meine Mutter zu Göttern neben Gott?' Er sagte: ‚Gepriesen seist du! Mir steht nicht zu, dass ich etwas sage, wozu ich nicht berechtigt bin'." In Sure 9,30 heißt es: „Die Juden sagen: ‚Esra ist Gottes Sohn'. Die Christen sagen: ‚Christus ist Gottes Sohn'. Das ist es, was sie mit ihren Mündern reden! Sie ahmen die Rede der Ungläubigen vor ihnen nach. Gott verfluche sie! Wie können sie nur so verblendet sein!" Hier wird das christliche Bekenntnis als Rückfall in den Polytheismus gedeutet: „Sie ahmen die Rede der Ungläubigen vor ihnen nach." Damit sind nicht Atheisten, sondern Polytheisten gemeint.

Vor dem Hintergrund dieser und ähnlicher Vorwürfe kommt es zunächst einmal darauf an, deutlich zu machen, dass die Rede von Jesus als Sohn Gottes nicht vor dem Hintergrund eines polytheistischen Symbolsystems zu verstehen ist. Als Christen glauben wir nicht an viele Götter, sondern an den *einen* Gott: „*Credo in unum Deum* – Ich glaube an den *einen* Gott, den Schöpfer des Himmels und der Erde." Nach christlichem Verständnis ist Jesus kein zweiter Gott. Der christliche Glaube ist kein relativierter, sondern ein *offenbarungstheologisch entfalteter Monotheismus.* In Jesus von Nazaret teilt Gott sich selbst mit: Offenbarung im christlichen Sinn ist als Selbstmitteilung Gottes zu verstehen. Die Rede von Jesus als dem Sohn Gottes ist nicht vor dem Hintergrund des antiken Polytheismus, sondern vor dem Hintergrund des alttestamentlichen Monotheismus zu verstehen, und zwar näherhin vor dem Hintergrund der alttestamentlichen Königstheologie, die in nachexilischer Zeit messianisch transformiert wurde.

Für den interreligiösen wie für den christlich-jüdischen Dialog wäre zu wünschen, dass von jüdischer und islamischer Seite anerkannt wird, dass das Christentum ein monotheistischer Glaube ist. Diese Anerkennung ist durchaus möglich – und meines Wissens wird sie auch von jüdischer und islamischer Seite vielfach ausgesprochen. Wenn also ein Muslim sagt: „Wir vertreten einen strengen Monotheismus, unserem Verständnis nach hat Gott keinen Sohn“, dann sollten sich Christen davon nicht verwirren lassen und antworten: Auch wir vertreten einen strengen Monotheismus. Jesus ist kein zweiter Gott. Niemals hat sich das Christentum zu zwei oder drei Göttern bekannt. Das trinitarische Bekenntnis ist kein abgeschwächter, sondern eine entfalteter, ein vertiefter Monotheismus. Dass Juden und Muslime diese Entfaltung nicht mitmachen, ist verständlich. Es sei auch zugestanden, dass der christliche Glaube für Außenstehende polytheistisch missverstanden werden kann. Deshalb sollten Christen auf eine sorgfältige theologische Reflexion und eine korrekte religiöse Praxis achtgeben, um niemandem unnötig Anstoß zu geben und keinem Missverständnis Vorschub zu leisten.

7. Verstoß gegen das Bilderverbot im Christentum?

Doch wie steht es um das biblische Bilderverbot? Hat sich der christliche Glaube mit der Einführung und Verehrung von Ikonen nicht vom biblischen Bilderverbot verabschiedet? Mit der Verbreitung des Christentums in die griechisch-römische Welt, die zutiefst von einer Kultur der Bilder geprägt war, stand die Frage nach einer bildlichen Darstellung Gottes erneut zur Diskussion. Das junge Christentum hat sich zunächst streng an das alttestamentliche Bilderverbot gehalten. Die Synode von Elvira in Spanien aus dem Jahre 306 n. Chr. formuliert in Kanon 36: „Bilder soll es in der Kirche nicht geben, damit nicht, was verehrt und angebetet wird, auf Wänden gemalt erscheint.“ Hier klingt sehr deutlich in Sprache und Motivik das alttestamentliche Bilderverbot an. Erinnert sei an das Entsetzen des Propheten Ezechiel, als er in einer Vision auf den Wänden des Jerusalemer Tempels „viele Bilder von abscheulichen kleinen und großen Tieren und allen Götzen des Hauses Israel“ sah; „sie waren ringsum in die Wand eingeritzt“ (Ez 8,10). Dieser Götzendienst war in der Sicht des Propheten der Grund dafür, dass die Herrlichkeit des HERRN den Tempel verließ und ihn schutzlos der Gewalt der Babylonier preisgab.

In der Tradition des alttestamentlichen Bilderverbotes stehend sprach sich auch das frühe Christentum zunächst und entschieden für einen bildlosen Gottesdienst aus. Doch hatte sich nicht inzwischen die Problemlage gegenüber dem Alten Testament verändert? Denn der eine Gott – so die christliche Auffassung – war in der Welt sichtbar und leibhaftig erschienen. Gott ist unsichtbar. Doch in Jesus Christus wird dieser Gott sichtbar. „Christus ist das Bild (εἰκών) des unsichtbaren Gottes“ (Kol 1,15). Konnte man also nicht doch Gott bildlich darstellen, im Bild seines Bildes Christus?

Im 4. Jahrhundert bat Konstantia, die Tochter des christlich gewordenen Kaisers Konstantin I. (306–337 n. Chr.), in einem Brief Bischof Eusebius von Cäsarea (ca. 264–340 n. Chr.), er möge ihr doch ein Christusbild schicken. Der Bischof wies ihr Ansinnen schroff zurück. Er schrieb: „Welches Bild Christi suchst Du? Das Bild seiner *göttlichen* Gestalt oder das Bild seiner Knechtsgestalt?“ In dieser Alternative begegnen wir im Kern jenem Argument, das von den Kritikern religiöser Bilder immer wieder vorgebracht wurde. Die göttliche Gestalt Christi kann bildlich nicht dargestellt werden, so der Bischof. Und seine leibliche Gestalt ist ganz von der Herrlichkeit des göttlichen Lebens durchdrungen.[15] Wollte die Bittstellerin ein Bild Christi vor der Verklärung und Auferstehung, also ein Bild des „irdischen Jesus“, musste sie sich entgegenhalten lassen, dass wir uns nach dem Gebot Gottes „keine Gestalt von irgendetwas im Himmel droben, auf der Erde unten oder im Wasser unter der Erde“ (Dtn 5,8) machen dürfen und dass Paulus gelehrt hat, dass wir jetzt Christus nicht mehr dem Fleische nach kennen, selbst wenn wir ihn früher so gekannt haben (1 Kor 13,15). Ausdrücklich bittet der Bischof die Kaiserin, kein öffentliches Ärgernis zu erregen. Es „solle nicht durch derlei Bilder der Eindruck entstehen, die Christen würden nach der Art der Götzenanbeter ihren Gott im Bilde herumtragen.“[16]

---

15 Vgl. hierzu und zum Folgenden Christoph Kardinal Schönborn, Die Christus-Ikone. Eine theologische Hinführung, Wien 1998, 68 (vom Verfasser besorgte Übersetzung und Neubearbeitung des Werkes: L'Icône du Christ. Fondements théologiques élaborés entre le Ier et le IIe Concile de Nicée [325–787] [Editions Universitaires], Fribourg 1976, ²1978, [Par. 24], Paris ³1986).

16 Ebd. 69.

Noch zwei Jahrhunderte später fragte eine andere Christin: „Wie kann ich ihn denn verehren, wenn er nicht sichtbar ist, und ich ihn nicht kenne?“[17] Hier artikuliert sich der Wunsch des antiken Menschen nach einer Religion mit Bildern. Wie sollte die Kirche darauf reagieren? Sollte sie dem Bedürfnis nachkommen? Bischof Epiphanius von Salamis (gest. 403 n. Chr.) spricht die Warnung aus: „Stellt Bilder auf, und ihr werdet sehen, die Bräuche der Heiden tun den Rest.“[18]

Doch die geschichtliche Entwicklung nahm einen anderen Verlauf. Mit der Inkulturation des Christentums in die griechisch-römische Kultur drang der dort selbstverständliche Bilderkult nach und nach in die christliche Volksfrömmigkeit ein, vor allem in Griechenland und in Kleinasien. Zu einer theologischen Klärung dieses Prozesses kam es aber erst im sogenannten Bilderstreit, der über ein Jahrhundert von 726 bis 843 das byzantinische Reich erschüttern sollte. Der Streit verlief theologisch äußerst komplex und war zudem mit politischen Motiven vermischt. Er lässt sich grob in zwei Phasen gliedern: in eine *erste Phase* von 726 bis 787 n. Chr. mit dem Verbot der Bilder durch den byzantinischen Kaiser im Jahre 726 und der Synode von Hiereia im Jahre 754, welche die Abschaffung der Bilder sanktionierte, und der Revision dieses Beschlusses auf dem Siebten Ökumenischen Konzil von Nizäa im Jahre 787 mit der Wiedereinführung der Bilderverehrung durch Kaiserin Irene und Patriarch Tarasios; und in eine *zweite Phase* von 815 bis 843 n. Chr., in der es zur theologisch bis heute gültigen Klärung der Bilderfrage kam.

An dieser Stelle sei eine kleine Begebenheit erzählt, die deutlich macht, dass die im Bilderstreit so heftig diskutierte Frage theologisch keineswegs belanglos ist. Vor einiger Zeit beklagte ein Diakon in der Predigt am Karfreitag, dass in unserer Gesellschaft viele Menschen alle möglichen Götter anbeten: Erfolg, Reichtum, Ehre, Sex, Genusssucht und vieles mehr. Das, so der Diakon, seien die Götzen unserer Zeit. Und dann fuhr er fort und sagte: „Wir Christen beten das Kreuz an.“ Mehrmals sagte er: „Wir Christen

---

[17] Hans Belting, Bild und Kult. Eine Geschichte des Bildes vor dem Zeitalter der Kunst, München 1990, ^{5}2000, 165.

[18] Ebd.

beten das Kreuz an." Ich zuckte zusammen, doch die Gemeinde und der anwesende Pfarrer blieben ruhig. Möglicherweise ist der Diakon durch den Text, den Katholiken bei der Kreuzverehrung singen, in die Irre geführt worden. Dort heißt es im Lateinischen: *Ecce lignum crucis, in quo salus mundi pependit. Venite adoremus.* Die Übersetzung im Gotteslob lautet: V „Seht das Kreuz, an dem der Herr gehangen, das Heil der Welt." A „Kommt, lasset uns anbeten!"

Die Übersetzung ist richtig. Doch die Frage lautet: Wen oder was beten Christen an? Das Kreuz? Das Heil der Welt? – In dem Satz: „Kommt, lasset uns anbeten" wird das Objekt der Anbetung nicht genannt. Aus dem unmittelbar vorangehenden Satz: „Seht, das Holz des Kreuzes, an dem der Herr gehangen" bieten sich als Objekt zwei Möglichkeiten an: das Kreuz und der Herr. Rein philologisch kann die Frage nicht entschieden werden. Sie kann nur entschieden werden aufgrund eines theologischen Wissens. Und aufgrund dieses theologischen Wissens lautet die richtige Antwort: Wir beten den *Herrn* an, der an dem Kreuz gehangen hat. Wir beten nicht das Kreuz an. Entsprechend heißt es im Kleingedruckten des Gotteslobes bei den Anweisungen für den Ablauf der liturgischen Feier am Karfreitag: „Priester und Gemeinde treten vor das Kreuz und verehren es durch eine Kniebeuge." Wir sprechen von der Kreuz*verehrung*, nicht von der Kreuz*anbetung*. Auch wenn sich einige Gebete der byzantinischen Liturgie direkt an das Kreuz richten, so bedeutet „die betende Anrede an das Kreuz … keine Vergöttlichung des Kreuzes".[19]

Das Beispiel zeigt: Die im Bilderstreit des 7. und 8. Jahrhunderts so heftig umkämpften Themen und Begriffe sind keine überholten Spitzfindigkeiten einer vergangenen Zeit. Sie beschäftigen uns auch heute noch. Angesichts der zunehmenden Präsenz des Islams in christlich geprägten Gesellschaften wächst die Dringlichkeit, erneut über die Bedeutung des Bildes und des Kreuzes im christlichen Glauben nachzudenken. Navid Kermani, Schriftsteller und Träger des Friedenspreises des Deutschen Buchhandels, hat

---

[19] Hilarion (Alfeyev), Katechismus. Kleine Wegbegleitung im orthodoxen Glauben. Übersetzt von Peter Knauer SJ, redaktionell bearbeitet von Barbara Hallensleben, Münster 2017, 143, Anm. 16.

vor einiger Zeit aus islamischer Sicht grundsätzliche Vorbehalte gegenüber dem Kreuz vorgebracht: „Prinzipiell bin ich Kreuzen gegenüber negativ eingestellt ... Gerade weil ich ernst nehme, was es darstellt, lehne ich das Kreuz rundweg ab. Nebenbei finde ich die Hypostasierung des Schmerzes barbarisch, körperfeindlich, ein Undank gegenüber der Schöpfung, über die wir uns freuen, die wir genießen sollen ... Ich kann im Herzen verstehen, warum Judentum und Islam die Kreuzigung ablehnen ... Der Koran sagt, dass ein anderer gekreuzigt wurde. Jesus sei entkommen. Für mich formuliere ich die Ablehnung der Kreuzestheologie drastischer: Gotteslästerung und Idolatrie."[20]

Die Verwirrung ist schon früh in die westliche Theologie eingedrungen, da das lateinische Wort *adorare* sowohl *anbeten* als auch *verehren* bedeuten kann. Hinzu kommt, dass mit dem *einen* Wort *adorare* zwei unterschiedliche griechische Worte wiedergegeben werden, deren Unterscheidung für die im Hintergrund stehende Problematik des Bilderstreites von grundlegender Bedeutung ist. Diese Unterscheidung wurde auf dem Zweiten Konzil von Nizäa, dem Siebten Ökumenischen Konzil, im Jahre 787 n. Chr. wie folgt vorgenommen:

1. Es wird unterschieden zwischen Verehrung (προσκύνησις) und Anbetung (λατρεία). Erlaubt ist die Verehrung, nicht gestattet wird die Anbetung der Bilder. Die Anbetung kommt allein der göttlichen Natur zu.

2. Als Bilder werden genannt: „das Bild unseres Herrn und Gottes und Erlösers Jesus Christus, unserer unbefleckten Herrin, der heiligen Gottesgebärerin, der ehrwürdigen Engel und aller heiligen und frommen Menschen". Gottvater wird also nicht genannt. Bis heute wird in der Kirche des Ostens die bildliche Darstellung von Gottvater vermieden.

3. Die gleiche Zusammenstellung findet sich in den Beschlüssen des Konzils von Trient (DH 1823) und im Katechismus der Katholischen Kirche (KKK 2131).

---

[20] Navid Kermani, Ungläubiges Staunen. Über das Christentum, München [13]2016, 50.

Wenden wir uns nun den theologisch-philosophischen Argumenten zu, mit denen der Bilderstreit ausgefochten wurde. Dabei geht es nur um die bildliche Darstellung Christi. Dass Gottvater bildlich nicht dargestellt werden darf, war für die Alte Kirche selbstverständlich. Eine bildliche Darstellung von Gottvater setzte erst ab dem 11. Jahrhundert im Mittelalter in der Kirche des Westens ein – eine, wie wir noch sehen werden, nicht unproblematische Entwicklung.

Beim Bilderstreit geht es um die bildliche Darstellung Christi. Der Grundgedanke dabei lautet: Gott ist unsichtbar und kann und darf bildlich nicht dargestellt werden. Doch in Christus ist dieser Gott sichtbar geworden: „Wer mich sieht, sieht den Vater“, sagt Jesus im Johannesevangelium (Joh 14,9). „Christus ist das Bild (εἰκών) des unsichtbaren Gottes“, heißt es in Kol 1,15. Also kann Gott bildlich dargestellt werden, aber nur im Bild seines Bildes Christus. Die ersten bildlichen Darstellungen Christi stammen aus dem 3. Jahrhundert n. Chr. Sie greifen antike Motive auf, wie etwa das Bild des Jünglings, der auf seinen Schultern ein Schaf trägt; das Bild konnte auf Jesus Christus, den guten Hirten, übertragen werden. In der zweiten Hälfte des 4. Jahrhunderts bildete sich allmählich die Christus-Ikone heraus, in der Christus in anthropomorpher Gestalt dargestellt und dabei zugleich seine Göttlichkeit betont wird. Welche Argumente wurden nun gegen diese Tradition ins Feld geführt?

7.1. Die Argumente der Bildergegner

Die Gegner der Bilder („Ikonoklasten“) argumentierten folgendermaßen:

1. Die Person Christi besteht aus zwei Naturen, der menschlichen und der göttlichen. Diese beiden Naturen kommen in der einen Person Christi zusammen, und zwar unvermischt und ungetrennt.

2. Die göttliche Natur kann nicht umschrieben werden; konkret heißt das, sie kann nicht gemalt werden.

3. Wenn der Maler die Person Christi malt, kann er nur die menschliche Natur Christi malen, da die göttliche Natur nicht „um-

schrieben“, d. h. nicht gemalt werden kann. Nun kann aber in Christus die menschliche Natur nicht von der göttlichen Natur getrennt werden. Folglich tut der Künstler, der eine Christusikone malt, etwas, was er eigentlich gar nicht tun kann: Er trennt die menschliche Natur von der göttlichen Natur in Christus ab. Sein Bild ist eine Fälschung, eine Häresie. Er verfällt dem Nestorianismus.

Im Hintergrund der Argumentation steht das alttestamentliche Bilderverbot, das hier in Verbindung mit der neuplatonischen Tradition der Bildlosigkeit Gottes eine besondere Zuspitzung erfährt. Der bilderfeindliche Patriarch Konstantin von Nakolia berief sich ausdrücklich auf das alttestamentliche Bilderverbot (Ex 20,4). Man dürfe nichts anbeten, was von Menschenhand gemacht sei. Die Verteidiger der Bilder hingegen waren schockiert, dass man es wagte, die Verehrung der heiligen Bilder mit dem Götzendienst zu vergleichen. Die Bilderfeinde ihrerseits verlangten eine strikte Anwendung des alttestamentlichen Bilderverbots.

Die Verteidiger der Bilder konnten sich also nicht darauf berufen, dass sie lediglich die menschliche Natur Christi darstellten. Denn die menschliche Natur Christi kann von der göttlichen nicht getrennt werden, und die göttliche kann nicht dargestellt werden. Diese Argumentation war zunächst durchschlagend. Sie wurde auf dem Konzil von 754 n. Chr. von den anwesenden 338 Bischöfen gebilligt. Zwar korrigierten die Bischöfe die theologische Argumentation des Kaisers Konstantin V. (741–775) „behutsam“[21], dennoch folgten sie in ihrer Schlussfolgerung den kaiserlichen Vorgaben. Die Verehrung von Bildern wurde verboten.

7.2. Die Argumente der Bilderverehrer und der Weg zu einer Lösung

Wenden wir uns nun den Argumenten derer zu, die die Herstellung und Verehrung religiöser Bilder verteidigten. Ihnen ging es um das rechte Verständnis der gottmenschlichen Person Jesu

[21] Schönborn, Die Christus-Ikone (Anm. 15), 168.

Christi. Im Rahmen des Bilderstreites kam es zu einem grundlegend neuen Verständnis der menschlichen Person. Diese neue Sicht der menschlichen Person ist nur vor dem Hintergrund der christlichen Offenbarung zu begreifen.

In der griechischen Philosophie bestand die Tendenz, das Allgemein-Wesenhafte dem Konkret-Einmaligen überzuordnen. Das Besondere ist immer die mehr oder weniger mangelhafte Eingrenzung („Umschreibung") eines allgemeinen Wesens. Das Wesen ist das Eigentliche, darauf kommt es an. Der einzelne individuelle Mensch ist lediglich die unvollkommene, eingegrenzte Form des allgemeinen menschlichen Wesens.

Das christliche Denken führte hier zu einem tiefgreifenden Umwandlungsprozess, der alle Bereiche der Kultur umfasste, das Kunstverständnis ebenso wie das Verständnis der Geschichte. Das Besondere des Einzelnen erschien jetzt als das, worauf es eigentlich ankommt. In Bezug auf das Bild Christi heißt das: Der Künstler malt weder eine *menschliche* noch eine *göttliche Natur*, er malt eine geschichtlich einmalige *Person*.

Die Bildergegner dachten im Horizont einer platonischen Urbild-Abbild-Lehre und einer damit verbundenen Stufenontologie. Bild-Sein bedeutete für sie immer ein Weniger-Sein. Jedes Bild ist immer nur das unvollkommene Abbild eines vollkommenen Urbildes. Ein vollkommenes Bild gibt es nicht. Die Aussage aus Kol 1,15: „Christus ist das Bild des unsichtbaren Gottes", verstanden sie in einem untergeordneten Sinn: In reiner und höchster, bildloser Jenseitigkeit steht Gott, ihm nachgeordnet ist der Logos als „Bild des unsichtbaren Gottes", dann folgt die Seele Christi als abgeschwächtes Bild des Logos und dann der irdische Leib als noch schwächeres Bild der Seele, und ganz am Ende kommt die Christusikone, die nur noch ein ganz schwaches Echo des Urbildes aller Bilder sein kann. Wer sich mit diesem Bild beschäftigt, der bleibt beim Unwichtigsten hängen. Das Bild ist im Rahmen dieser Metaphysik immer ein defizienter Modus jener Wirklichkeit, auf die es verweist.

Die Befürworter der Bilder konzipierten demgegenüber den *Begriff eines vollkommenen Bildes*, eines Bildes, das seinem Urbild wesensgleich ist. Der Begriff eines vollkommenen Bildes, der den Rahmen der platonischen Philosophie sprengt, wurde im Kontext der Christologie entwickelt. Vor allem der große alexandrinische Theologe Athanasius (295–373 n. Chr.) war maßgeblich daran beteiligt. In der Auseinandersetzung mit Arius entwickelte er den Begriff eines vollkommenen Bildes, eines Bildes, in dem nichts von der Vollkommenheit des Urbildes fehlt. Ein solches Bild ist Christus. Gott hat ein Bild seiner selbst, das ihm in allem an Würde und Wesen gleich ist. Die Aussage von Kol 1,15: „Christus ist das Bild des unsichtbaren Gottes", liest Athanasius im Lichte von Joh 10,30: „Ich und der Vater sind eins" und Joh 16,15: „Alles, was der Vater hat, ist mein."

7.3. Christus als vollkommenes Bild des unsichtbaren Gottes

Was folgt daraus für die Ikone Christi? Die Befürworter der Bilder konnten nun sagen: Auf der Ikone Christi sehen wir weder eine göttliche, noch eine menschliche *Natur*, sondern wir sehen eine Person, und zwar die gottmenschliche Person Jesu. Nicht eine göttliche oder menschliche *Natur* ist Bild, sondern nur eine Person. Der Sohn ist Bild des Vaters. Auch in seiner *Menschwerdung* erweist sich Christus als das Bild des Vaters. Zwar ist die Menschwerdung und Erniedrigung auch eine Verhüllung der Gottheit, doch zeigt gerade diese äußerste Erniedrigung die Größe der göttlichen Liebe, der sie entspringt. Deshalb gilt Joh 14,9: „Wer mich sieht, sieht den Vater" auch von der Menschheit des Logos. So ist der Sohn gerade auch in der Erniedrigung seiner Knechtsgestalt „das Bild des unsichtbaren Gottes" (Kol 1,15). Diese besondere Betonung der Menschheit Christi hat Konsequenzen für die Frage des Christusbildes.

Die Überzeugung, dass alles an Christus *einem* Subjekt zuzusprechen ist, wird die Grundlage der Ikonentheologie und geht in den theologischen Begriff der *hypostatischen Union* ein. Die strenge Betonung der personalen Identität der Menschheit Jesu mit dem Sohn Gottes „eröffnet die Möglichkeit eines *Christus*bildes, das wirklich die konkrete, individuelle Menschheit Jesu darstellt und doch gerade diese als das menschliche Antlitz des ewigen Sohnes Gottes sehen kann."[22]

So liegt also der eigentliche Grund dafür, dass die christliche Theologie die bildliche Darstellung Christi verteidigt hat, nicht im Druck zur Inkulturation in die griechisch-römische Kultur, sondern in der Lehre von der Inkarnation, der Menschwerdung Gottes. Johannes von Damaskus hat diesen Gedanken um 730 n. Chr. so ausgedrückt: „Solange Gott unsichtbar ist, kann man von ihm kein Bild machen, das wäre absurd; wenn Gott aber sichtbar ist, dann ist ein Bild des sichtbar gewordenen Gottes möglich. Das ist sinnvoll und bestätigt die Wahrheit seiner Inkarnation. Durch die Inkarnation kann das Unsichtbare dargestellt werden. Von diesem Standpunkt aus betrachtet, wurden die Bilder Gottes nicht mehr nur toleriert, sondern gerechtfertigt, gefördert und gegen ihre Gegner verteidigt."[23]

Der Patriarch Germanos (715–730 n. Chr.), der als erster auf den beginnenden Bildersturm reagierte, hat gleich auf den springenden Punkt hingewiesen: Wer die Ikonen verwirft, verwirft die Menschwerdung. „Christus hat uns die wahre Gotteserkenntnis gebracht. Dadurch hat er uns vom Irrtum der Idolatrie befreit. Nach Christus ist die Situation zutiefst anders als unter dem Gesetz. Als Gott am Horeb zu seinem Volk sprach, sah dieses keinerlei Gestalt; jetzt aber hat Gott sich im Fleisch geoffenbart, sodass der Glaube nicht mehr nur vom Hören kommt, sondern auch durch den Gesichtssinn den Herzen derer eingeprägt wird, die Christus betrachten: die Menschwerdung hat also alles verwandelt; Gott hat von nun an einen sichtbaren Ausdruck, und diesen ‚Ausdruck *(charaktera)* seines heiligen Fleisches' können wir betrachten."[24]

Wer die Ikone grundsätzlich verwirft, verwirft im Letzten auch das Geheimnis der Menschwerdung. Abt Theodor von Studion (759–826 n. Chr.), dem wir neben Johannes von Damaskus die wohl ausgewogenste Theologie der Ikonen verdanken, fasst das Paradox der Menschwerdung in die Worte: „Der Unsichtbare wird

---

22 Schönborn, Die Christus-Ikone (Anm. 15), 99.

23 François Bœspflug, Der Gott der Maler und Bildhauer. Die Inkarnation des Unsichtbaren, Freiburg 2013, 36.

24 Schönborn, Die Christus-Ikone (Anm. 15), 175.

sichtbar.“ So kommt es in der Bildertheologie letztlich zu einer *Synthese von Hören und Schauen*. Theodor von Studion schreibt: „Präge Christus … deinem Herzen ein, wo er (bereits) wohnt; ob du über Ihn in einem Buch liest oder Ihn auf einem Bild siehst, Er möge dein Denken erleuchten, indem du Ihn auf den beiden Wegen der Sinneswahrnehmung zweifach erkennst. So wirst du mit den Augen sehen, was du durch das Wort gelernt hast.“[25]

8. Menschwerdung Gottes versus Vermenschlichung Gottes

Hinter dem Bilderstreit der alten Kirche verbergen sich zwei diametral entgegenstehende Verständnisse der Kunst, die Christoph Kardinal Schönborn wie folgt beschreibt: „Die Bilderfeinde in Byzanz wollten die Kunst dem profanen Bereich vorbehalten, im religiösen Bereich sollte die Kunst nur dekorativ, höchstens narrativ, nicht aber eigentlich sakral sein. Der Ikonoklasmus war eine Art Säkularisierung der Kunst, die als zu heidnisch galt, um wirklich ‚verchristlicht‘ zu werden. Auch die Tätigkeit des Künstlers galt als zu profan, um in den Sakralbereich einbezogen werden zu können … Betrachtet man den Bilderstreit unter dieser Perspektive, dann erscheint der Versuch, die Kunst nur in den profanen Bereich einzuschließen, als eine tiefe Krise in der gottmenschlichen Sicht der Welt und des Menschen. Und umgekehrt erweist sich das Ja zur Symbiose von Kunst und Kult, von Bild und Glauben als ein Ja zum gottmenschlichen Geheimnis. Denn beide, Kunst und Kult, haben dies gemeinsam, dass sie aus einer Begegnung von Himmel und Erde, von göttlicher und menschlicher Wirklichkeit, entstehen und diese Begegnung immer neu verlebendigen. Kunst und Kult sind beide Ausdruck des Unendlichen in der Unscheinbarkeit menschlicher Gesten und Gestaltungen.“[26]

Kein Wunder, dass ein muslimischer Zeitgenosse, Navid Kermani, angesichts der christlichen Bildkunst in „ungläubiges Staunen“ verfällt und zu der Erkenntnis gelangt, dass das Christentum

---

25 Ebd., 222.
26 Ebd., 226 f.

mit dem Gedanken der Inkarnation zumindest „eine Möglichkeit ist“[27].

Die Krise in der westlich geprägten Gestalt des Christentums ist eine Gotteskrise. Vor dem Hintergrund der hier skizzierten Thematik lässt sie sich als Missverständnis der Inkarnation verstehen: Die Menschwerdung Gottes wird als Vermenschlichung Gottes missverstanden. Ein solcher Gott wird, durchaus verständlich, abgelehnt. Das Missverständnis hat nicht zuletzt auch in der christlichen Ästhetik seinen Niederschlag gefunden. Doch gibt es, Gott sei Dank, inzwischen auch eine lebhafte Gegenbewegung. So können der christliche Theologe und sein muslimischer Zeitgenosse zu einer ähnlichen Diagnose gelangen, wenn der eine zu Recht feststellt: „Der Sinn der Gottesherrschaft ist ja keineswegs das Elend und die Stillosigkeit“[28], und der andere aus der Außenperspektive beklagt, „wie sehr dem Christentum Schönheit heute fehlt. Armut allein macht keinen Gott groß.“[29]

---

27 Kermani, Ungläubiges Staunen (Anm. 20), 10.

28 Norbert Lohfink, Vögel des Himmels und Lilien des Feldes (Mt 6,25–34). Wer sind die Adressaten des Bildworts?, in: Melanie Peetz / Sandra Huebenthal (Hg.), Ästhetik, sinnlicher Genuss und gute Manieren. Ein biblisches Menü in 25 Gängen. FS für Hans-Winfried Jüngling SJ (ÖBS 50), Berlin 2018, 90.

29 Kermani, Ungläubiges Staunen (Anm. 20), 19.

Bernhard Klinger

„Im Anfang schuf Gott“ – Christlicher Schöpfungsglaube

1. Hinführung

„Im Anfang schuf Gott“ – Christlicher Schöpfungsglaube: Unter diesem Titel steht der nachfolgende Beitrag, der in fünf Anwegen versucht, über die dritte Zeile des ersten Artikels unseres Glaubensbekenntnisses nachzudenken:

Credo in Deum Patrem omnipotentem, **creatorem coeli et terrae.**	Ich glaube an Gott, den Vater, den Allmächtigen, den **Schöpfer des Himmels und der Erde.**

So sprechen wir im Apostolischen Glaubensbekenntnis; im Großen Glaubensbekenntnis, dem Nicaeno-Constantinopolitanum, heißt es etwas ausführlicher:

Credo in unum Deum, Patrem omnipotentem, **factorem cæli et terræ,** **visibilium omnium et invisibilium.**	Ich glaube an den einen Gott, den Vater, den Allmächtigen, **der alles geschaffen hat, Himmel und Erde,** **die sichtbare und die unsichtbare Welt.**

Diese eine Zeile bzw. diese zwei Zeilen stehen im Fokus der nachfolgenden Überlegungen, die den Horizont eröffnen, innerhalb dessen von christlichem Schöpfungsglauben gesprochen wird und Gott als derjenige geglaubt und bekannt wird, der alles geschaffen bzw. gemacht hat: Himmel und Erde, die sichtbare und die unsichtbare Welt.

Hier sei schon auf ein erstes kleines Detail hingewiesen: Während das Apostolische Glaubensbekenntnis Gott als *creator* bezeichnet, nennt das Nicaeno-Constantinopolitanum Gott *factor*. Allein durch diese beiden Bekenntnisse werden schon unterschiedliche Nuancen im Gottesbild deutlich, die in der deutschen und in der Liturgie gebräuchlichen Übersetzung so nicht ersichtlich sind:

Einmal ist Gott derjenige, der *erschafft* (*creator,* lat. *creare*); das andere Mal ist Gott derjenige, der *macht* (*factor*, lat. *facere*). In dieser Differenzierung folgen die beiden Bekenntnisformeln den biblischen Texten; doch dazu gleich mehr.

2. Ein erster Anweg: Auf welcher Grundlage denken wir über Gott und die Schöpfung nach?

Die Formulierungen, mit denen man sich in den ersten vier Jahrhunderten zum Christentum bekannte, weichen zwar in Einzelheiten voneinander ab, nicht aber in der trinitarischen Grundstruktur des Bekenntnisses zu Gott-Vater, zu Jesus Christus und zum Heiligen Geist.[1] Allerdings findet sich die Schöpfung als eigenes Thema, wie es sich in den beiden zitierten Anfängen der bei uns heute üblichen Bekenntnisse darstellt, zunächst nicht so eindeutig und eben nicht auf Gott-Vater hin ausgesprochen.

Das Motiv der Schöpfung ist stattdessen zunächst mitgedacht und mitgeglaubt im Bekenntnis zu Jesus bzw. Christus als dem Herrn (κύριος Ἰησοῦς oder κύριος Χριστός – Röm 10,9; 1 Kor 12,3; Phil 2,11; Kol 2,6; Hebr 4,14; 1 Joh 4,15).[2] Innerhalb des Neuen Testaments sind zudem vor allem 1 Kor 8,6; Kol 1,16f; Hebr 1,2f und Joh 1,1–10 zu nennen; gerade in 1 Kor 8,6 wird „die Schöpfungsfunktion Christi ausdrücklich aufgeführt“[3]: „Durch ihn ist alles und wir sind durch ihn.“ (revEÜ). So stellt Leo Scheffczyk fest: „Die Ursprünglichkeit und das Alter dieser Formel ist ein Beweis dafür, dass der Glaube des Urchristentums die Christozentrik auch im Punkt der Schöpfungswahrheit festgehalten hat.“[4]

Doch die christologische Ausrichtung der Bekenntnisformeln verändert sich: Es „ist die Tatsache nicht zu übersehen, daß mit fortschreitender Zeit, wie der christozentrische Charakter der Be-

---

1 Vgl. die jeweiligen Bekenntnisse DH 1–14.

2 Vgl. Leo Scheffczyk, Schöpfung und Vorsehung (HDG 2,2a), Freiburg – Basel – Wien 1963, 24.

3 Ebd.

4 Ebd., 24.

kenntnisformeln überhaupt, so besonders auch die christologische Schöpfungsbestimmung abgeschwächt wurde und aus den Formeln schwand“.[5] Stattdessen wird dem „Schöpfertum des einen Gottes und Vaters“[6] mehr Bedeutung beigemessen. Gott-Vater war zwar als *allmächtig*, als παντοκράτορ *(pantokrator)* bzw. als *omnipotens* bekannt worden, jedoch zunächst noch nicht ausdrücklich als *factor* bzw. *creator*, als Macher oder Schöpfer der sichtbaren und unsichtbaren Welt. Erst mit dem 4. Jahrhundert findet sich in den Bekenntnis-Formeln mehr und mehr die Charakterisierung Gott-Vaters als Schöpfer, als *creator* oder ποιητής *(poiētēs)*. Mitunter wird Gott-Vater dabei auch noch als *König der Zeiten*, als *rex saeculorm*, bekannt.[7] Und zudem wird ganz deutlich unterschieden zwischen einer sichtbaren und einer unsichtbaren Welt bzw. abstrakter zwischen Sichtbarem und Unsichtbarem.[8]

Dieser kurze und zugegebenermaßen sehr oberflächliche Blick in die Geschichte unseres Glaubensbekenntnisses zeigt, dass das Bekenntnis zu Gott als Schöpfer und das bewusst ausgesprochene Mit-Bedenken der Schöpfung sich erst nach und nach in der Frühzeit der Kirche etablierte.

Grundlage dafür, dass in der Frühen Kirche diese Glaubensformeln und -bekenntnisse entstanden, waren und sind die biblischen Texte. Also liegt es nahe, wenn wir über christlichen Schöpfungsglauben nachdenken wollen, zunächst die beiden Schöpfungserzählungen in Gen 1,1–4a und Gen 2,4b–24 zu lesen. Die erste davon hören wir klassisch in der Feier der Osternacht als ersten (und auch vorgeschriebenen) Lesungstext.[9]

Wie bereits erwähnt, unterscheiden sich die beiden Bekenntnisse darin, dass sie Gott einmal als *creator*, das andere Mal als *factor* benennen. Diese Differenzierung beruht möglicherweise darauf, dass auch die beiden alttestamentlichen Schöpfungserzählun-

---

5 Ebd., 25. Leo Scheffczyk hält fest, dass diesbezüglich die Bekenntnisformeln der westlichen und der östlichen Kirchen unterschiedliche Akzente setzen.

6 Ebd.

7 Vgl. DH 21.

8 Vgl. DH 19–51.

9 Außerdem noch als Lesung im Jahreskreis I am Montag der 5. Woche und bei einigen Votivmessen.

gen zwei verschiedene Verben verwenden, um das Handeln Gottes zu beschreiben.

In Gen 1,1 heißt es:
bərēʾšîṯ **bārʾā** ʾĕlōhîm ʾēṯ haššāmayim wəʾēṯ hāʾāreṣ

Dagegen heißt es in Gen 2,4b:
bəyōm ʿ**ăśōṯ** yhwh ʾĕlōhîm ʾereṣ wəšāmāyim

In Gen 1,1 wird das Verb **bārʾā** benutzt: Dieses Verb bedeutet *erschaffen;* Subjekt für dieses Verb ist stets Gott, niemals der Mensch. Damit ist der in Gen 1,1 geschilderte Vorgang allein schon durch die Wortwahl hervorgehoben. Dagegen steht in Gen 2,4b das Verb ʿ**śh**, das ein Machen oder Tun beschreibt, bei dem auch der Mensch Subjekt sein kann. Außerdem unterscheiden sich die beiden Schöpfungserzählungen in der Benennung des Subjekts: In Gen 1,1 ist Gott/ʾĕlōhîm das handelnde Subjekt; in Gen 2,4b ist es *der HERR*/yhwh. Doch dieser letztere Unterschied soll im Zusammenhang unserer Überlegung nicht weiterverfolgt werden.

Die Differenz im hebräischen Text (MT) spiegelt sich dann auch in der Vulgata (VUL) wider; die Septuaginta (LXX) verzichtet auf eine entsprechende Unterscheidung.

	Subjekt	Bedeutung	MT	Subjekt VUL	VUL	Subjekt LXX	LXX
Gen 1,1	Gott	erschaffen	bārʾā	Deus	creare	ὁ θεὸς	ποιέω
Gen 2,4b	der HERR	machen	ʿśh	Dominus Deus	facere	ὁ θεὸς	ποιέω

Diese unterschiedliche Wortwahl impliziert letztlich auch ein unterschiedliches Denken über Gott: Das eine Mal wird das Besondere und Herausragende Gottes hervorgehoben (Gen 1,1), was sich darin fortsetzt, dass Gott die Schöpfung überwiegend dadurch realisiert, dass er spricht und etwas geschehen lässt,[10] das andere

[10] Der Wendung yəhî = *es werde/sei* bzw. den anderen Befehlsformen im Zusammenhang mit dem Schöpfungsakt (z. B. tōṣēʾ = *sie bringe hervor* in Gen 1,24) geht jeweils die sog. Redeformel *und Gott sprach* voraus. Der Schöp-

Mal wird ein geradezu handwerklicher Charakter JHWHs ersichtlich, der sich auch darin zeigt, dass er wie ein Töpfer den Menschen (ʾādām) aus Ackerboden (ʾădāmāh) formt und wie ein Gärtner für ihn einen Garten anlegt.

Aber nicht nur in Gen 1 oder auch Gen 2, sondern auch im Neuen Testament finden sich Stellen, die das Thema Schöpfung mithereinholen: Jesus greift in seinen Gleichnissen immer wieder auf die Natur zurück, die dadurch zur „Predigerin der kommenden Gottesherrschaft“[11] wird. Paulus seinerseits schreibt der Gemeinde in Korinth (2 Kor 5,17), dass sich in Jesus Christus eine neue Schöpfung vollziehe, und der Gemeinde in Rom, dass die ganze Schöpfung seufze und in Wehen liege (Röm 8,22–25), weil sie auf die Wiederkunft Jesu Christi warte.

Damit können wir – ausgehend von unterschiedlichen biblischen Texten – über den Schöpfungsglauben nachdenken, sodass mit Alex Stock festzustellen bleibt:

> „Das erste Problem liegt in den Quellen. Nimmt man den ersten Satz der Bibel und den ersten des Glaubensbekenntnisses als Urquellen an, so fragt sich gleich, welche Zuflüsse man noch erlaubt. Wo endet der Text, der mit Gen 1,1 beginnt? Gen 2,4a, also vor dem Übergang zur Paradiesgeschichte? Oder 3,24, nach deren Ende? Oder am Ende der sogenannten Urgeschichte (Gen 11), bevor es 12,1 mit der besonderen Geschichte Abrahams weitergeht? Am Ende des Alten Testaments, also einschlägige Texte aus Psalmen, Propheten, Weisheitsbüchern einschließend, oder erst am Ende des Neuen [Testaments, *d. Verf.*], Apk 24,21? Soll die Schöpfungslehre keine rein alttestamentliche sein, als welche sie mit der jüdischen vollkommen konform gehen könnte, so wird Gen 1,1 von Joh 1,1ff gekreuzt: ‚Im Anfang war das Wort … Alle Dinge sind durch dasselbe geworden … Und das Wort ist Fleisch geworden …‘ Die Christologie interveniert, nicht nur bei Johannes,

---

fungsakt ist in gewisser Weise abstrahiert, da er auf dem Sprechen Gottes aufbaut.

11 Alexandre Ganoczy, Art. Schöpfung, in: Wolfgang Beinert (Hg.), Lexikon der katholischen Dogmatik, Freiburg – Basel – Wien 1997, 456–458, hier 457.

> auch in Formeln paulinischer Tradition, wo neben dem ‚Vater, von dem alle Dinge sind', ‚der eine Herr Jesus Christus' angeführt wird, ‚durch den alle Dinge sind' (1 Kor 8,6; vgl. Kol 1,15f), was das Glaubensbekenntnis dann auch festhält: *‚per quem omina facta sunt'*. Wer das göttliche Wort, den ewigen Sohn als Schöpfungsmittelperson in Betracht zieht, kann von dessen Menschwerdung nicht absehen, und allem, was damit zusammenhängt. Wie weit reicht der Horizont einer christlichen Schöpfungslehre?"[12]

Der Horizont reicht letztlich also weit über die alttestamentlichen Texte, die wir in der Regel und idealerweise auf Anhieb mit dem Thema Schöpfung verbinden, hinaus.[13] Denn Schöpfung spielt auch im Neuen Testament keine unwichtige Rolle. Das ist eine erste Überlegung. Freilich wäre es mehr als reizvoll, in die Fülle der biblischen Texte einzutauchen und sie auf Schöpfung hin zu lesen. Doch es braucht eine Beschränkung, sodass Gen 1–4 die Basis bilden für die nachfolgenden vier Anwege, aufgrund derer über den christlichen Schöpfungsglauben nachgedacht wird.

3. Ein zweiter, fast philosophischer, aber mit einem leichten Augenzwinkern verbundener Anweg zu einer christlichen Schöpfungstheologie

Gegen die nachfolgenden Zeilen, den Beginn von Michl Ehbauers „Baierische Weltgschicht" könnte man einwenden, dass ein derartiger Text in einem theologischen Fachbeitrag nichts zu suchen habe, noch dazu, weil dieser in Dialekt geschrieben ist. Solche Einwände sind nachvollziehbar, jedoch hat sich zum einen der

---

[12] Alex Stock, Poetische Dogmatik. Schöpfungslehre. 1. Himmel und Erde, Paderborn 2010, 12.

[13] "Now Old Testament Exegesis always was aware of the fact that the role of the creation theme was not limited to the two first chapters of Genesis." Zit.: Ed Noort, The Creation of Man and Woman in Biblical and Ancient Near Eastern Traditions, in: Gerard P. Luttikhuizen (Hg.), The Creation of Man and Woman. Interpretations of Biblical Narratives in Jewish and Christian Traditions (Themes in Biblical Narrative III), Brill 2000, 1–18, hier 2.

Verfasser dieses Beitrags dazu entschlossen, den Vortragscharakter weitgehend aufrecht zu erhalten – und im Dialekt vorgetragen sind die Zeilen der „Baierischen Weltgschicht“ nachvollziehbar –, zum anderen ist dem Dialekt eine gewisse Hintersinnigkeit zu eigen: Das Humorige ist nur scheinbar vordergründig, denn auf den zweiten Blick zeigen sich nicht wenige Stellen, an denen sich tiefgründige Fragen ansetzen lassen. In diesem Sinn sei nun Michl Ehbauer das Wort gegeben:

Die Allerweltserschaffung oder
Wia d`Welt auf d`Welt kemma is[14]

Im Anfang – sagt die Schrift – war nix!
Und über a Weil – war wieder nix.
Und erst a paar Tag später dann,
Da war erst recht nix, wo mir san.
  Da hat sich unser Herrgott denkt:
Ja Himmiherrschaftfirmament!
Zwoa Frauentürm und Hollerbüx!
Dees Nix da umanand is nix!
  Da muaß was her – dees siehch i scho'
Und is's a Welt – liegt aa nix dro'.
So aber derfs net weiter bleibn.
Da taat ma ja Zwoatausend schreiben
  Und über mi da werad glacht,
Weils hoaßt, i hätt nix zsamma bracht.
Und bleib i gar alloa' für mi,
Stellt mir koa Mensch a Kircha hi'.
  Es is scho' so – i mua ebbs to',
Morgn fruah glei fang i's Werkeln o'!
Z'erscht werd amal a bissel gschlafa
Und nachher werd de Welt erschaffa!
  Er stellt an Wecker auf halb drei
Und zwengs der bessern Scheberei
Hat er an Teller unterglegt,
Damit er richti läut und weckt.
  Ihr derfts net fragen: Wo hat denn Er
Den Wecker und den Teller her?
Und 's Nachkastl, auf dem dees steht?
Es paßt halt grad so in mei' Red.
In Wirklichkeit brauchts alles net,
Weil Gott ja net zum Schlafa geht.“

14 Michl Ehbauer, Baierische Weltgschicht, München 1974, 15–16.

Ähnlich wie bei den biblischen Texten – insbesondere in Gen 1–2 – beschreibt auch bei Michl Ehbauer ein Erzähler in dichterischer Form, wie sich die Erschaffung der Welt zugetragen habe.

„Im Anfang – sagt die Schrift – war nix!“ – so die erste Zeile der Ehbauer'schen Verse. Jedoch: War am Anfang tatsächlich nichts? Hat Gott die Welt aus dem Nichts erschaffen? Die biblischen Texte geben ein ganz anderes Bild: Gen 2,4b–5 erzählt so: *„Zur Zeit, als Gott, der HERR, Erde und Himmel machte, gab es auf der Erde noch keine Feldsträucher und wuchsen noch keine Feldpflanzen, denn Gott, der HERR, hatte es auf die Erde noch nicht regnen lassen und es gab noch keinen Menschen, der den Erdboden bearbeitete, aber Feuchtigkeit stieg aus der Erde auf und tränkte die ganze Fläche des Erdbodens.*“ Die zweite Schöpfungserzählung geht also von einem Urzustand aus, bei dem zumindest die Erde da war. Die erste Schöpfungserzählung in Gen 1,1 beginnt damit, dass Gott *in einem Anfang* Himmel und Erde erschafft: Im hebräischen Original lesen wir bərēʾšīṯ, was eben *in einem Anfang* bedeutet und übersetzt werden kann mit *als Anfang schuf Gott.*[15] Auch wenn die beiden Schöpfungserzählungen noch nicht philosophisch fragen, so wird doch ein Fragehorizont eröffnet, der sowohl in Richtung der Philosophie weist als auch in Richtung der Naturwissenschaften. In welche Richtung auch immer wir gehen – feststeht, dass wir bei der Frage nach der Schöpfung und nach dem Anfang an die Grenzen unserer menschlichen Vorstellungskraft gelangen.

In dem zitierten Ausschnitt heißt es weiter: *„Und bleib i gar alloa' für mi, / Stellt mir koa Mensch a Kircha hi'.*“ – Der Schöpfergott der Ehbauer'schen Weltgeschichte sorgt sich darum, dass ihm ohne Menschen nicht die rechte Ehre zukommen könnte. Aber entspricht das tatsächlich dem, was die biblischen Texte erzählen, wozu wir Menschen hier auf Erden sind? Und wenn wir Menschen uns fragen, wozu wir auf Erden sind, dann könnte die Frage auch lauten: *Welchen Sinn hat mein Leben?* Welcher Lebenssinn ergibt sich, wenn wir die biblischen Texte der ersten Kapitel in der Bibel

---

15 Vgl. Erich Zenger, Gottes Bogen in den Wolken. Untersuchungen zu Komposition und Theologie der priesterschriftlichen Urgeschichte (SBS 112), Stuttgart 1983, 62–66.

befragen? Worin liegt der Lebenssinn des Menschen, der geschaffen ist als Abbild Gottes, wie es in Gen 1,27 heißt, und der Staub ist und auch dorthin zurückkehren soll, wie es in Gen 3,19 heißt und wie uns am Aschermittwoch deutlich und sinnenfällig ins Angesicht gesagt wird? Ist der Staub der Erde das Abbild Gottes? Zugespitzt gefragt: Wenn wir Gott als Schöpfer des Lebens bekennen und das Leben als ein großartiges Wunder betrachten, bleibt die Frage, welchen Sinn unserem je eigenen Leben zukommt.

Gen 1–2 eröffnet dazu eine zweifache Antwort: Gen 1,27 sieht den Menschen als Bild (ṣĕlĕm) Gottes, was wörtlich mit *Statue Gottes* übersetzt werden kann.[16] Diese Tatsache impliziert, dass es Aufgabe des Menschen ist, als „lebendige Gottesstatute"[17] gleich einem König den ihm übertragenen Herrschaftsbereich, also diese unsere Erde, zu gestalten. Man spricht in diesem Zusammenhang von *dominium terrae*. Darin liegt Lebenssinn. Das zeigt sich auch in Gen 2,15: JHWH lässt den von ihm erschaffenen Menschen (ʾādām) im Garten Eden Wohnung nehmen, „*damit er ihn bearbeite und hüte*" (ləʿob̲ədāh ûləšomərāh – Gen 2,15). Das dienende Moment, das diesem Zweck innewohnt, ist kein unterwürfiges Dienen, um eine Hierarchie am Leben zu erhalten, sondern ein förderndes Dienen, um – um im Bild zu bleiben – den Garten Eden am Leben zu halten.

Dann wiederum lesen wir bei Michl Ehbauer die Zeilen „Ihr derfts net fragen: Wo hat denn Er / Den Wecker und den Teller her? / Und 's Nachkastl, auf dem dees steht? / Es paßt halt grad so in mei' Red." Dabei macht Michl Ehbauer etwas ganz besonders

---

[16] Vgl. dazu Norbert Lohfink, Im Schatten deiner Flügel. Große Bibeltexte neu erschlossen, Freiburg – Basel – Wien ²2000, 29–48; insbesondere 44, wo Norbert Lohfink zusammenfasst, was es bedeutet, dass der Mensch als Statue (ṣĕlĕm) Gottes geschaffen ist: „Die Schöpfung ist ein bergendes Haus, ein erhabenes Haus, nicht nur schützend, sondern auch herrlich wie ein Tempel und wie ein Königspalast mit seiner großen Thronhalle. In diesem kosmischen Haus befinden sich die lebenden Geschöpfe, und die Rolle der Tempelstatue ebenso wie die Rolle des thronend regierenden Königs kommt der Menschheit zu. Nicht einem bestimmten einzelnen erwählten Menschen. Nein, der ganzen Menschheit."

[17] Ebd., 37.

deutlich: Die Versuchung, an die biblischen Schöpfungserzählungen allein mit Verstand und Logik heranzugehen, wird den Texten nicht gerecht. Michl Ehbauer erklärt, dass sich manche Frage von selbst erübrigt, weil er seine dichterische Freiheit in Anspruch nimmt: „Es paßt halt grad so in mei' Red." Freilich: Ganz so einfach wie es Michl Ehbauer sich macht, machten es sich die Autoren, die bei den biblischen Schöpfungstexten am Werk waren, nicht. Dennoch: Was uns heutigen Leserinnen und Lesern vielleicht als unlogisch oder unklar erscheint, dürfen wir nicht vorschnell mit dichterischer Freiheit begründen, sondern es ist notwendig, die biblischen Texte in ihrem je größeren Kontext des Alten und des Neuen Testamentes zu sehen, zu lesen und zu verstehen. Und es ist unbedingt notwendig, die Schöpfungserzählungen in ihrem je eigenen literarischen Charakter als Mythen zu lesen.

4. Dritter Anweg: Liturgie und Spiritualität

Was christliche Schöpfungstheologie, christlicher Schöpfungsglaube bedeuten kann, sagen uns auch die Feier der Liturgie und Ausdrucksformen von Spiritualität, da Glaube und Gebet zusammengehören, was die Formel *lex orandi, lex credendi* zum Ausdruck bringt.[18] Mit anderen Worten: Wie nehmen wir die Schöpfung mit hinein in unseren gelebten Glauben, in unser geistliches Leben – vor allem in der Feier der Liturgie?

Die Schöpfung wird beispielsweise mit ins Gebet genommen durch Psalm 104[19], durch den Sonnengesang des hl. Franz von Assisi oder auch durch das *Wessobrunner Gebet*, das ganz deutlich die Schöpfungstexte aus dem Buch Genesis aufgreift.[20] Der Vollständigkeit halber sei es an dieser Stelle vorgestellt:

---

[18] Vgl. KKK 1124.

[19] Ps 104 dient etwa beim Pfingstfest als Antwortpsalm.

[20] Das *Wessobrunner Gebet,* ein Schöpfungshymnus, ist überliefert in einem Codex aus dem Jahr 814, der seinen Weg in das Kloster Wessobrunn gefunden hat. Dieses Kloster hat dem Hymnus seinen Namen gegeben. Das Gebet diente offenbar der Mission und der Förderung des Bekenntnisses zum christlichen

Wessobrunner Gebet[21]

Das erfragte ich unter den Menschen
als gewaltigstes Wunder:
Als Erde nicht war noch hoher Himmel,
noch Baum, noch Berg nicht war,
noch Sonne nicht schien, noch Stern,
noch Mond nicht leuchtete,
noch das mächtige Meer,
als nirgends nichts war aller Enden und Wenden:
Da war der eine allmächtige Gott,
der Herren mildester;
bei ihm viele Geister voll Herrlichkeit.
Doch eher als sie war der heilige Gott.

Allmächtiger Gott,
der du Himmel und Erde geschaffen
und den Menschen viel Gutes gegeben hast,
verleihe mir in deiner Huld den rechten Glauben,
gewähre mir Weisheit und Klugheit und Kraft,
dem Verderber zu widerstehen,
das Böse zu meiden
und deinen Wille zu vollbringen.

Amen.

Abgesehen von diesen frühen Beispielen – Psalm 104, Wessobrunner Gebet und Sonnengesang – wird der Schöpfungsglaube auch heute in vielfältiger Weise erlebbar und gelebt: Erntedankfest, Wettersegen, Fluss-Segnungen oder Flurumgänge. Darüber hinaus zeigt sich der Schöpfungsglaube in seiner ganzen Tiefe und Breite bei jeder Eucharistiefeier. Ausschlaggebend ist dabei das

Schöpfungsglauben gegenüber den Germanen und ihren religiösen Vorstellungen; vgl. Walter Buckl, Art. Wessobrunner Gebet, in: LThK^3 X, 1118.

21 Das Wessobrunner Gebet folgt: (Erz-)Bischöfe Deutschlands und Österreichs und der Bischof von Bozen-Brixen (Hg.), Gotteslob. Katholisches Gebet- und Gesangbuch. Ausgabe für die Diözese Augsburg, Augsburg 2013, Nr. 702.

Sanctus, in dem wir beten: „*Erfüllt sind Himmel und Erde von deiner Herrlichkeit.*“

Wenn wir uns diese Aussage vorstellen, dann müsste es neben der Luft auch noch etwas anderes Unsichtbares geben, was wir nicht riechen, anfassen, hören, sehen können, nämlich die Herrlichkeit Gottes. Diese wäre dann eine abstrakte Größe. Doch der hebräische Text in Jes 6,3, worin das Sanctus wurzelt, lässt auch eine andere Übersetzung zu: „*was die Fülle der Erde ausmacht – das ist seine Herrlichkeit*“. Damit wird die Herrlichkeit Gottes zu einer konkreten Größe. Damit gibt es nicht Fauna und Flora und uns Menschen – und zusätzlich die unsichtbare Herrlichkeit, sondern alles, *was die Fülle der Erde* ausmacht, also Fauna und Flora und wir Menschen sowie alles Sichtbare und Unsichtbare (vgl. Nicaeno-Constantinopolitanum: *Credo in [...] factorem [...] visibilium et invisibilium*), ist Herrlichkeit Gottes! Insofern wird bei der Feier der Eucharistie die ganze Schöpfung mithineingenommen in das, was wir feiern. Und insofern ist christlicher Schöpfungsglaube in einem sehr umfassenden Sinn zu verstehen.

Gott wird einfach und selbstverständlich vorausgesetzt: Das Glaubensbekenntnis verfährt in der Frage nach Gott ähnlich wie die Heilige Schrift selbst: Es „vermittelt die Gewißheit, daß Gott existiert, durch die Art, wie es von ihm spricht.“[22] Und in dieser Gewissheit verbinden sich Bekenntnis und Gebet: „Das Gebet aber wendet sich nicht nur an Gott; in ihm geht es vielmehr um Gott, denn das Gebet ist die mit dem Herzen gestellte Gottesfrage, mit Martin Buber gesprochen, die Bitte um Selbstkundgabe Gottes.“[23] Insofern können wir im Gebet – angefangen bei Psalm 104, über das Wessobrunner Gebet und den Sonnengesang bis hin zu den erwähnten Formen der Volksfrömmigkeit, die mit Schöpfung zu tun haben, gipfelnd in der Feier der Eucharistie – die im Angesicht der Schöpfung immer neu gestellte und sich immer wieder neu stellende Gottesfrage sehen.

---

[22] Eugen Biser, Glaubensbekenntnis und Vaterunser, Düsseldorf 1993, 57.

[23] Ebd.

5. Vierter Anweg: Die Schöpfungserzählungen und ihr Verhältnis zu den „Naturwissenschaften"

5.1 Nachbarschaftsmodelle von Schöpfungsglauben und Naturwissenschaften

Ein vierter Anweg führt in die Grenzregion zu den Naturwissenschaften und bringt die Frage nach dem Nachbarschaftsverhältnis von Schöpfungsglauben und Naturwissenschaft mit sich. Alex Stock deutet an, wie er sich den Dialog zwischen Theologie und Naturwissenschaft gerade mit Blick auf die Schöpfung vorstellt:

> „Nicht schon die grenzenwahrende, sondern erst die grenzüberschreitende Kommunikation würde die Höhe des erwünschten Dialogmodells erreichen. Aber das historisch gebrannte Kind Theologie tut vielleicht gut daran, hier mit Vorsicht zu agieren."

Daher rät Alex Stock zu einer gewissen Vorsicht, die er mit dem evangelischen Theologen Karl Barth teilt, der seinerseits empfiehlt, sich in dem Raum, von dem sich die Physik abgrenzt, frei zu bewegen. Dadurch werden Grenzen der jeweiligen Erkenntnis anerkannt und es wird nicht in fremden Gewässern gefischt. Karl Barth hält dazu im Vorwort seiner 1945 erschienenen „Kirchlichen Dogmatik" fest:

> „Der theologische Ansatz, neben dem es für mich keinen anderen gibt, macht es fast zwangsläufig notwendig, daß ich zunächst die Lehre vom Werk des Schöpfers als solcher in der längst aus der Mode gekommenen Form einer prinzipiellen Entfaltung des Inhalts der beiden ersten Kapitel der Bibel wiederzugeben hatte. […] Man wird mir vermutlich vorhalten, warum ich mich mit den in diesem Zusammenhang naheliegenden Fragen der Naturwissenschaft nicht auseinandergesetzt habe. Ich meinte es ursprünglich tun zu müssen, bis es mir klar wurde, daß es hinsichtlich dessen, was die heilige [sic!] Schrift und die christliche Kirche unter Gottes Schöpferwerk versteht, schlechterdings keine naturwissenschaftlichen Fragen, Einwände oder auch Hilfestellungen geben kann. […] Ich sah die

> für die Dogmatik sachgemäße Aufgabe hier in der Tat ausschließlich darin, jene ‚Sage' nachzusagen, und ich fand diese Aufgabe dann doch auch schöner und lohnender als die dilettantischen Quälereien, denen ich mich im andern Fall hätte hingeben müssen. Die Naturwissenschaft hat freien Raum jenseits dessen, was die Theologie als das Werk des Schöpfers zu beschreiben hat. Und die Theologie darf und muß sich da frei bewegen, wo eine Naturwissenschaft, die nur das und nicht heimlich eine heidnische Gnosis und Religionslehre ist, ihre gegebene Grenze hat."[24]

Karl Barth verweigert sich der Auseinandersetzung und dem Dialog mit den Naturwissenschaften also nicht generell. Er macht unmissverständlich klar, dass er den Raum der Naturwissenschaften anerkennt und achtet, jedoch für die Theologie ebenfalls diesen Freiraum beansprucht, um eben nicht als Dilettant aufzutreten. Insofern kann Karl Barths Ansatz, das Verhältnis von Schöpfungsglaube und Naturwissenschaften zu beschreiben, als *Unabhängigkeitsmodell* bezeichnet werden.

Das genaue Gegenteil lässt sich als *Konfliktmodell* bezeichnen, bei dem die rein naturwissenschaftliche Welterklärung und die Welterklärung entsprechend den biblischen Texten je für sich die absolute und universale Wahrheit beanspruchen, als gäbe es nur eine einzige Wahrheit. Doch damit hätten wir gewissermaßen einen nie endenden Nachbarschaftsstreit.

Das *Dialogmodell* hingegen schlägt durchaus versöhnlichere Töne an: Zwar beanspruchen Theologie wie Naturwissenschaften jeweils ihre je eigene Wahrheit, aber die Verschiedenheit in manchen Ansätzen und Ergebnissen wird anerkannt und in manchen Bereichen und Themenfeldern gibt es Berührungspunkte, bei denen man auf die Erkenntnisse und Vorstellungen des jeweils anderen zurückgreift bzw. sich damit konstruktiv auseinandersetzt. Das ist etwa der Fall bei ethischen Fragen um den Lebensbeginn oder das Lebensende oder bei Fragen um die Ressourcen unserer Welt.

---

[24] Karl Barth, Die Lehre von der Schöpfung (KD 3), Zürich [3]1957. Zit. aus dem Vorwort nach: Stock, Schöpfungslehre (Anm. 12), 21 f.

Ein viertes Modell ist das *Integrationsmodell*, das auf eine Verbrüderung von Schöpfungsglaube und Naturwissenschaften abzielt und davon ausgeht, dass Gott sich aus der Natur ableiten lasse. Die Naturwissenschaften und ihre von Menschen beobachteten Gesetzmäßigkeiten wären demnach als Hinweise auf die Existenz Gottes zu verstehen.

Bei diesen vier genannten Modellen spielt aber dann auch noch eine Rolle, wie jeweils Gott verstanden wird: Die Existenz Gottes kann grundsätzlich verneint werden. In diesem Fall wird generell die Existenz eines Nachbarn abgestritten. Oder aber die Frage nach Nachbarschaft interessiert nicht in dem Sinne, dass es egal sei, ob es einen Nachbarn gebe oder nicht. Dieses Modell geht in Richtung Unabhängigkeitsmodell, wo Nachbarn sich gegenseitig in Frieden lassen, aber eben auch keinen Kontakt suchen. Schlimmstenfalls macht man sich gegenseitig Vorwürfe und führt Nachbarstreitigkeiten aus.

Wenn aber die Existenz Gottes angenommen, geglaubt und bekannt wird, dann lässt sich das Verhältnis von Gott und Welt auch unterschiedlich denken:

Ein erster Denkansatz sieht Gott und Welt absolut getrennt: Gott als Schöpfer hat die Welt und uns Menschen erschaffen – und seitdem überlässt er die Welt und uns sich und uns selbst. Das Verhältnis ist letztlich ein Nicht-Verhältnis. Das ist der Ansatz des *Deismus*.[25]

Möglich ist es aber auch, die strikte Trennung zwischen der Transzendenz Gottes und der Immanenz der Schöpfung zu belassen, doch mit einem Eingreifen Gottes in die Natur zu rechnen, sodass zwischen Gott und Natur/Schöpfung sehr wohl ein Verhältnis besteht. Diese Möglichkeit wird im *Theismus*[26] vertreten.

Ein Denkansatz, der genau in die andere Richtung geht, ist der *Pantheismus:* Gott ist in dieser Welt, er ist rein immanent, sodass letztlich Gott in allem steckt. Alles ist damit gewissermaßen göttlich. Natur und Gott werden als identisch betrachtet.

---

25 Vgl. Michael Kessler, Art. Deismus, in: LThK³ III, 60–62; Alexandre Ganoczy, Art. Deismus, in: Beinert (Hg.), Lexikon der katholischen Dogmatik (Anm. 11), 456–458.

26 Heinrich Schmidinger, Art. Theismus, in: LThK³ IX, 1388 f.

Ein weiterer Denkansatz ist als eine Erweiterung des Pantheismus zu verstehen: Der *Panentheismus*[27] beschreibt das Verhältnis von Gott und Schöpfung so, dass alles in Gott ist und Gott in allem ist.

Was hier möglicherweise als rein spekulativ und theoretisch verkopft anmuten mag, hat im Laufe der Geschichte allerdings ganz konkrete, handfeste und äußerst folgenreiche Probleme mit sich gebracht. Deshalb soll der Blick gelenkt werden auf vier Momente, in denen Schöpfungstheologie und Naturwissenschaft im Dialog stehen.

5.2. Funktioniert die konkrete Nachbarschaft?

Charles Darwin oder: Das Unabhängigkeitsmodell

Mit dem Namen Charles Darwin (1809–1882) ist unumstritten die Evolutionslehre verbunden und damit wiederum der unauflösbare Gegensatz zwischen Naturwissenschaften auf der einen und den biblischen Schöpfungserzählungen auf der anderen Seite. Doch Charles Darwin stand den biblischen Texten nicht von Anfang an skeptisch gegenüber; im Gegenteil: Er studierte zunächst Theologie; bei späteren Forschungsreisen wuchs sein Interesse sowohl an der Beobachtung von Zoologie und Botanik als auch und vor allem an der Auswertung dieser Beobachtungen. Dies führte dazu, dass Darwin sich zu einem Agnostiker entwickelte: Die Frage nach Gott betrachtete er aufgrund der sichtbaren Befunde zusehends für unklärbar. Er stellte die Existenz Gottes nicht in Abrede, aber er hielt auch nicht mehr daran fest.

Aufbauend darauf, dass Gen 1,11f.21.24f als eine klassifikatorische Naturkunde zu sehen sei, die die Entstehung bestimmter Arten darstelle und erkläre, hatte Darwin seine naturkundlichen Untersuchungen begonnen. Doch er musste feststellen, dass sich seine Beobachtungen nicht in das enge Korsett der Klassifikation, wie sie sich von Gen 1 her ergibt, hineinzwängen ließen. Unter der Last der von ihm gemachten Beobachtungen und Befunde riss

---

27 Eberhard Tiefensee, Art. Pantheismus, in: $LThK^3$ VII, 1318 f.

bildlich gesprochen das theologische Schleppnetz.[28] Bis dahin hatte die Theologie die Deutungshoheit über die Welt. Aber das änderte sich nunmehr: Die von Charles Darwin begründete Evolutionslehre kann auch heute noch als Paradebeispiel für Agnostizismus angeführt werden: Die Frage nach Gott wird für unklärbar angesehen, weshalb Naturwissenschaften und Schöpfungstheologie je für sich auf getrennten Wegen zu gehen haben und eine Annäherung von vornherein ausgeschlossen wird.

Kreationismus und intelligent design: Wenn Agnostizismus sich ins Gegenteil verkehrt

Der Kreationismus ist eine Bewegung, die sich in den 1910er und 1920er Jahren, vor allem im US-amerikanischen Raum, insbesondere innerhalb evangelikaler Gruppierungen entwickelt hat. Der Kreationismus versteht sich als Alternative zur naturwissenschaftlichen Weltsicht. Er wendet sich vor allem und strikt gegen die Evolutionslehre, da er davon ausgeht, dass die biblischen Texte historische Ereignisse schildern, ja, dass die Hl. Schrift dem Wort- und Literalsinn nach zu lesen und zu verstehen sei. Daher werden gegen naturwissenschaftliche Sichtweisen der Bibellektüre, insbesondere gegen die Evolutionslehre einige Argumente ins Feld geführt.[29]

So betrachtet der Kreationismus die Evolutionslehre als eine antireligiöse, rein materielle Ideologie, die den Menschen als ein reines Naturprodukt betrachte; dadurch bleibe dann aufseiten des Menschen kein Raum für den freien Willen und die moralische Verantwortung. Zudem widerspreche die Evolutionslehre der biblischen Darstellung und damit dem Wort Gottes als absoluter Autorität. Nicht zuletzt bleibe die Evolutionslehre eine Erklärung dessen schuldig, wozu Pflanzen und Tiere von Gott erschaffen worden sind. Kreationisten vermissen an der Evolutionslehre letztlich die Zweckmäßigkeit und ein Ziel der gesamten Schöpfung.

---

[28] Vgl. Stock, Schöpfungslehre (Anm. 12), 34.

[29] Vgl. Hansjörg Hemminger, In unseren Adern fließt das Urmeer, in: WUB 80 (2/2016), 40–46.

Stattdessen werden innerhalb des Kreationismus folgende Überzeugungen vertreten:

> „Die Erde ist weniger als 10.000 Jahre alt. Sie wurde in sechs Tagen erschaffen, wie Genesis 1 es sagt.
> Die Lebewesen wurden so geschaffen, wie sie heute sind, oder als Grundtypen, aus denen die heutigen Arten in wenigen Tausend Jahren hervorgingen.
> In der ursprünglichen Schöpfung gab es keine Sünde und keinen Tod. Der Tod kam durch den Ungehorsam des Menschen in die Welt.
> Die Sintflut setzte alles feste Land unter Wasser. Die Landtiere überlebten in der Arche Noah, wie von der Bibel überliefert. Deren Reste sind archäologisch auffindbar. Nach Ansicht vieler (nicht aller) Kreationisten entstanden die geologischen Ablagerungen einschließlich der Fossilien durch die Sintflut oder kurz danach.“[30]

Doch dass die Alternative im Dialog von Naturwissenschaft und Schöpfungsglaube nicht in einem exklusivistischen Entweder-Oder bestehen muss oder einem Alleinvertretungsanspruch, hatte zwar – wie der folgende Abschnitt verdeutlichen wird – schon Augustinus gezeigt, doch kam seine Sichtweise erst in der endgültigen Rehabilitation des Falles Galileo Galilei zur Sprache.

Galileo Galilei oder: Die Nachbarschaft von Wahrheiten

Schon die alttestamentlichen Schöpfungstexte und später auch neutestamentliche Texte, wie z. B. Gal 4,9f, relativieren die Bedeutung der Gestirne: Sonne, Mond und Sterne sind eben keine Gottheiten, sondern sie sind Teil der Schöpfung – nicht weniger, aber auch nicht mehr. Freilich offenbart sich in ihnen letztlich der Schöpfergott und stimmen sie – biblisch gesprochen – in das Lob Gottes mit ein, aber der vorrangige Zweck der Gestirne ist es, die Zeit zu gliedern (vgl. Gen 1,14). Sie sind nun einmal – innerhalb des biblischen Kontextes – keine Gottheiten. Durch diese Relativierung, diese „Eingemeindung“ erfolgte ein Bruch: „Der Bruch

---

[30] Ebd., 42.

des biblischen Schöpfungsglaubens mit dem naturreligiösen Gestirnekult schickt die Christenheit in ein ambivalentes Verhältnis zu Sonne, Mond und Sternen"[31]. Denn mit der Relativierung droht zunächst die Faszination und die Begeisterung für die Naturbeobachtung verloren zu gehen.

Galileo Galilei (1564–1641/2) verstand es, in der Wende vom 16. zum 17. Jahrhundert die Begeisterung für die Gestirne neu zu beleben. Doch seine Begeisterung wurde ihm zum Verhängnis. Er beobachtete die Gestirne voller Bewunderung – und versuchte, die Bewegung der Planeten zu verstehen und mathematisch zu beschreiben. Es wäre reizvoll und hilfreich, die Umbruchsituation besser zu verstehen, die Galileis Beobachtungen und Berechnungen mit sich brachten. Doch sei es bei dem Hinweis belassen, dass Galileo Galilei zu Unrecht von der kirchlichen Obrigkeit verurteilt und zum Schweigen gebracht worden war. Der Fall des Galileo Galilei hatte die vertrauensvolle Zusammenarbeit von Glaube und Wissenschaft über Jahrhunderte hinweg schwer beeinträchtigt; letztlich wurde dieser Fall erst am 31. Oktober 1992 endgültig und öffentlich durch Papst Johannes Paul II. abgeschlossen, der anlässlich der Vollversammlung der Päpstlichen Akademie der Wissenschaften zu den Teilnehmern sagte:

> „Ausgehend vom Zeitalter der Aufklärung bis in unsere Tage, hat der Fall Galilei eine Art Mythos gebildet, in dem das dargelegte Bild der Ereignisse von der Wirklichkeit weit entfernt war. In dieser Perspektive war dann der Fall Galilei zum Symbol für die angebliche Ablehnung des wissenschaftlichen Fortschritts durch die Kirche oder des dogmatischen ‚Obskurantentums' gegen die freie Erforschung der Wahrheit geworden. Dieser Mythos hat in der Kultur eine erhebliche Rolle gespielt und dazu beigetragen, zahlreiche Männer der Wissenschaft in gutem Glauben denken zu lassen, der Geist der Wissenschaft und ihre Ethik der Forschung auf der einen Seite sei mit dem christlichen Glauben auf der anderen Seite unvereinbar. Ein tragisches gegenseitiges Unverständnis wurde als Folge eines grundsätzlichen Gegensatzes von Wissen und Glauben hinge-

[31] Stock, Schöpfungslehre (Anm. 12), 63.

> stellt. Die durch die jüngeren historischen Forschungen erbrachten Klärungen gestatten uns nun die Feststellung, daß dieses schmerzliche Mißverständnis inzwischen der Vergangenheit angehört.“[32]

Worauf Johannes Paul II. im weiteren Verlauf dieser Rede im Jahr 1992 einging, hat letztlich mit dem Begriff der Wahrheit zu tun und mit der Frage, wie die biblischen Texte zu verstehen sind und welche Wahrheit ihnen innewohnt. In seiner Argumentation verwies Johannes Paul II. auf die *Confessiones* des Augustinus, der darin auch auf die Frage nach den Wahrheiten einging:[33]

> „Also, wenn einer sagt: ‚Das hat Mose so gemeint, wie ich es verstehe‘, und ein anderer ‚Nein, so wie ich‘, dann ist es, glaube ich, ehrfürchtiger, wenn ich sage: Warum nicht lieber beides, wenn doch beides wahr ist? Und wenn einer noch einen dritten, einen vierten und irgend sonst einen wahren Sinn in diesen Worten sieht, – warum soll man diese Gedanken alle nicht auch dem Manne zutrauen, durch den der Eine Gott durch seine Heilige Schrift dem Verstande der Vielen so entsprochen hat, daß sie darin Wahres auch bei verschiedener Deutung sollten erschauen können?

---

32 Papst Johannes Paul II., Ansprache an die Teilnehmer der Vollversammlung der Päpstlichen Akademie der Wissenschaften (31.10.1992), auf: http://www.vatican.va/content/john-paul-ii/de/speeches/1992/october/documents/hf_jp-ii_spe_19921031_accademia-scienze.html [Zugriff vom 25.03.2020].

33 Vgl. Augustinus, Bekenntnisse. Lateinisch und Deutsch. Übersetzt von Joseph Bernhart, Frankfurt am Main 1987, XII 31. Das Zitat ist in Zusammenhang zu sehen mit XII 27–28. Was die Frage nach Wahrheit im bibelhermeneutischen und exegetischen Kontext angeht, stellt Alex Stock erhellend fest: „Die historisch-kritische Exegese rekapituliert in ihren Kommentaren gewöhnlich die Auslegungsgeschichte, um die eigene neue Interpretation als letzten Erkenntnisfortschritt auszuweisen. Es geht nicht um mögliche Sinnstufen, sondern um die Eindeutigkeit des Literalsinns. Der Streit darum muß argumentativ ausgefochten werden. Manchmal stellt sich da ein, gemessen an Augustinus jedenfalls, ungewöhnlicher Befehlston ein […] Aber man muß solchen Befehlen ja nicht gehorchen. Eine neue Auslegung ergibt sich häufig aus dem Ungenügen der alten, ihren Unklarheiten und Zwängen, oder aus dem Umsprung eines anderen Blicks, der den Text in einer neuen Konfiguration zeigt.“ Zit.: Stock, Schöpfungslehre (Anm. 12), 99 f.

> Jedenfalls, was mich angeht, so erkläre ich unerschrocken und allen Ernstes: wenn ich etwas auf höchste Gültigkeit Berechnetes zu schreiben hätte, so wollte ich schon lieber so schreiben, daß aus meinen Worten das Echo aller eine Wahrheit treffenden Gedanken, die irgendwer über diesen Gegenstand sich machen kann, herauszuhören wäre, als in der andern Weise, daß ich einen einzigen wahren Sinn so überscharf ins Licht setzte, daß ich alle anderen Deutungen ausschlösse, auch wenn mir nichts Falsches daran zum Anstoß wäre. Also, mein Gott, ich will nicht so tollkühn sein, daß ich nicht glaubte, es habe ein Gleiches jener große Mann von Dir empfangen. Gewiß, all das Wahre, das wir durch unsere Erwägung zu finden vermochten, hat er bei jenen Worten gefühlt und beim Niederschreiben sich vorgestellt, dazu auch all das Wahre sonst, das wir eben nicht oder noch nicht zu finden vermochten, und das gleichwohl darin sich finden läßt.“

Die causa Galileo Galilei, insbesondere die Art und Weise, wie Johannes Paul II. dazu Stellung bezog, verdeutlicht, dass es unterschiedliche Wahrheiten gibt, die es zu sehen und anzuerkennen gilt, etwa die historische, die naturwissenschaftliche und die theologische Wahrheit. Und: dass diese Wahrheiten in Nachbarschaft zueinander bestehen können, ohne dass damit schon Aussagen getroffen wären über die Qualität der nachbarschaftlichen Beziehung.

Die Parabel von Thomas von Aquin und der Krake oder: Das Zusammendenken von Wahrheiten

Charles Darwin und Galileo Galilei verbindet, dass beide intensive Beobachtungen anstellten und auswerteten, der eine in der Tier- und Pflanzenwelt, der anderen bei den Gestirnen. Dabei dürfen wir uns vor Augen halten: Der Mond, den wir heute sehen, ist ein und derselbe Mond, den Menschen, seit es sie gibt, sehen. Ebenso die Sonne. Und das Meer schlägt seit vielen Tausenden von Jahren an diese oder jene Küste. All dieses Faszinierende der uns umgebenden Welt vor Augen, hält der Bibelwissenschaftler Fridolin Stier (1902–1981) in seinen Tagebuchaufzeichnungen eine Parabel fest, in der er eine fiktive Begegnung zwischen Thomas von Aquin und Gott schildert.[34]

Diese Parabel darf als Anregung verstanden werden, die Schöpfung nicht zu generalisieren, sondern gerade in den Details Gott als Schöpfer zu erkennen. Die Parabel erzählt, wie Thomas von Aquin von Gott zum Grund des Meeres hinabgeführt wird. Ganz unten angekommen, zeigt Gott ihm eine Krake. Und Gott spricht zu Thomas von Aquin folgendes: „*In concretis et individuis, non in universalibus gaudium meum.*“[35] Mit diesen Worten – frei übersetzt mit: *Im Konkreten und Besonderen, in den Kleinigkeiten, nicht im Allgemeinen liegt meine Freude.* – fordert Gott Thomas zum Staunen auf.

Dieses Staunen ob der Schöpfung und allem, was zu ihr gehört, denkt Fridolin Stier weiter: Er blickt auf die biblische Gestalt des Ijob, der unschuldig ganz großes Leid erfährt und mit Gott zutiefst hadert. Er macht dabei einen Wandel fest, den Ijob in seinem Leid durchlebt: den Wandel vom geglaubten Gott zum geschauten Gott. Gott erschließt Ijob mit zahlreichen, auf die Schöpfung bezogenen Fragen in den Gottesreden (Ijob 38–42) eine neue Dimension. Die Fragen führen Ijob von den Dingen, die ihm bekannt und vertraut sind, hin zur göttlichen Wirklichkeit:[36] Gott öffnet Ijob die Augen für das Konkrete, das Besondere, die Kleinigkeiten innerhalb der Schöpfung. So wurde aus dem geglaubten Gott der geschaute Gott – und dadurch eröffnete sich für Ijob ein Weg aus dem Leiden.

Doch Fridolin Stier hat nicht nur die Kleinigkeiten innerhalb der Schöpfung im Blick, sondern auch gewaltige Naturerscheinungen, wie „Erdbeben, Vulkanausbrüche, Wirbelstürme, Gewitter“[37]. Diese versteht Stier als „Einbruchstellen der Theologie“[38] in dem Sinn, dass diese Ereignisse die Rede von Gott, insbesondere die Rede von Gott als Schöpfer, vor große Herausforderungen

---

[34] Fridolin Stier, Vielleicht ist irgendwo Tag. Aufzeichnungen, Freiburg – Heidelberg 1981, 204 f.

[35] Ebd., 205.

[36] Vgl. ebd., 39 f.

[37] Stock, Schöpfungslehre (Anm. 12), 92.

[38] Ebd.; vgl. dazu auch: Fridolin Stier, An der Wurzel der Berg. Aufzeichnungen II, Freiburg – Heidelberg 1984, 164.

stellen. Indem Alex Stock die Gedanken von Fridolin Stier[39] aufgreift, versucht er, den Begriff der Schöpfung theologisch zu beschreiben angesichts der Erfahrung des Chaotischen, des Leidvollen und Bösen etwa in Form von Naturkatastrophen: „Die Katastrophe[40] ist als erdgeschichtliches Ereignis wissenschaftlich erklärbar, kosmologisch eine quantité négligeable, ästhetisch ein grandioses Schauspiel, moralisch ein Ruf zu Mitempfinden und solidarischer Hilfsbereitschaft. [...] Da ist noch etwas anderes als die Empfindung der Furchtbarkeit einer Naturkatastrophe, Trauer über die Todesopfer, Hilfe für die Überlebenden. Es ist das ausgehaltene Zusammenempfinden von Gott und Natur in eben diesem Ereignis.“[41] Die Naturgewalten nämlich sind – Fridolin Stier weiter gedacht – nicht ein Weg, um die Existenz Gottes zu beweisen – im Sinne einer Erst-Ursache, sondern eine *via inductiva experiendi existentem* [Deum]:[42] Fridolin Stier bzw. Alex Stock geht es „um einen induktiven Weg, nicht um die Existenz Gottes zu beweisen, sondern den existierenden Gott zu erfahren“[43].

---

39 Vgl. dazu Stier, An der Wurzel der Berg (Anm. 38), 164. Fridolin Stier beschreibt in seinem Tagebucheintrag vom 16. November 1973 den Ausbruch des Vulkans Mont Pelé auf der Insel Martinique im Jahr 1902, wodurch zig Tausende Menschen der Stadt Saint Pierre starben, und stellt diesem und anderen gewaltigen Naturereignissen das Wort Jesu gegenüber: „*Verkauft man nicht zwei Spatzen für ein paar Pfennig? Und doch fällt keiner von ihnen zur Erde ohne den Willen eures Vaters.*“ (Mt 10,29). Stier zieht daraus den Schluss: „Also: wenn schon die Spatzen von Saint Pierre nicht ohne den Willen eures Vaters ... vom Dach gefallen' sind, dann doch erst recht nicht die 30 000 mehr als viele Spatzen werten.' Warst du fern, Herr, oder nah ...?'“ (ebd.).

40 Alex Stock nimmt Bezug auf das Erdbeben von Lissabon im Jahr 1755, das die Geisteswelt in Europa in etwa so erschüttert hat wie der Tsunami des Jahres 2004. Ich gehe davon aus, dass auch die Corona-Pandemie, während der die Schlussarbeit an der Veröffentlichung dieses Beitrags erfolgt, die Geisteswissenschaften und das religiöse Leben in einem erheblichen Maß beeinflussen wird.

41 Stock, Schöpfungslehre (Anm. 12), 92.

42 Ebd., 93 in Verbindung mit Stier, Vielleicht ist irgendwo Tag (Anm. 34), 137 f.

43 Stier, Vielleicht ist irgendwo Tag (Anm. 34), 138.

Mit ihren Überlegungen gehen Fridolin Stier und Alex Stock über die Naturwissenschaften hinaus und eröffnen mit dem Begriff der Erfahrung einen Raum, in dem nicht nur je unterschiedliche Wahrheiten bestehen, sondern diese auch zusammengedacht werden. All das, was uns Menschen in der Schöpfung begegnet – positiv wie negativ, lebensbedrohlich wie lebensförderlich – ist einem Farbspektrum vergleichbar: Die je eigene Erfahrung ist damit wie ein Prisma, das gewissermaßen das Gesamt der Schöpfung in seine je unterschiedlichen Nuancen zerlegt – und damit auch aufzeigt, wie unterschiedlich Gott in seiner Schöpfung erfahren werden kann. Oder um abschließend nochmals Fridolin Stier zu zitieren: „Spectaculum mundi – spectrum Dei?“[44] – *Ist das Schauspiel der Welt das Spektrum Gottes?*

6. Fünfter Anweg: Die biblischen Schöpfungserzählungen im Umfeld des Alten Orients und anderer „Schöpfungsmythen“

Mit Überlegungen zu den biblischen Schöpfungserzählungen und ihrem altorientalischen Umfeld wird ein fünfter und letzter Anweg beschritten, um über christliche Schöpfungstheologie nachzudenken. Auf die textliche Fülle, die dabei miteinbezogen werden könnte, und auf die notwendige Beschränkung war schon eingangs[45] hingewiesen worden. Zudem soll der Fokus auf grundsätzliche Charakteristika der biblischen Schöpfungstexte gelegt werden, weniger auf Spezifika, die sich unmittelbar auf die Texte Gen 1–4 beziehen.[46]

---

44 Ebd., 139.

45 Vgl. 2. Ein erster Anweg: Auf welcher Grundlage denken wir über Gott und die Schöpfung nach?

46 Die Fülle der Literatur hierzu ist unendlich. Ergänzend sei verwiesen auf eine sehr kleine Auswahl: Ludger Schwienhorst-Schönberger, Als Mann und Frau erschaffen. Aspekte biblischer Anthropologie, in: Peter Fonk (u. a. Hg.), Zum Aufbruch ermutigt. Kirche und Theologie in einer sich wandelnden Zeit. Festschrift für Franz Xaver Eder, Freiburg – Basel – Wien 2000, 18–37; Themenheft Urgeschichten, BiKi 1 (2003); Georg Fischer, Theologien des Alten Testaments (NSK.AT 31), Stuttgart 2012, 21–28; Michaela Bauks, Art.

Zwei Zitate seien an den Anfang dieses Anwegs gestellt, um zu betonen, dass die biblischen Texte eben ganz anders sind als die naturwissenschaftliche Herangehensweise. Der Theologe und Biologe Ulrich Lüke hebt den besonderen Charakter der biblischen Texte folgendermaßen hervor: „An dieser Frontlinie Schöpfung versus Urknall kämpfen heute nur biblizistische Kreationisten einerseits und naturalistische Evolutionisten andererseits. Und beide haben ihre hermeneutischen Hausaufgaben nicht gemacht. Intellektuell redliche Kosmologen und Evolutionstheoretiker einerseits und Schöpfungstheologen andererseits streiten hier eher nicht."[47] Der Alttestamentler Theodor Seidl formuliert diesbezüglich mit noch größerer Klarheit:

> „Gegen alle kreationistischen Versuche muss vom bibelwissenschaftlichen Befund her in aller Deutlichkeit gesagt werden: Die biblischen Schöpfungserzählungen eignen sich nicht zur Beschreibung der Evolution. ‚Naturwissenschaftliche Erklärungen und biblische Schöpfungsgeschichten stellen zwei ganz und gar unterschiedliche Dimensionen menschlicher Erfahrung dar, die nicht vermischt werden sollen und dürfen. Alles andere wäre irreführend und gefährlich.'"[48]

Hermeneutische Hausaufgaben zu machen bedeutet daher, sich des textlichen Grundcharakters von wenigstens Gen 1–4 gewahr zu werden: Es handelt sich dabei um mythologische Texte, die

---

Schöpfung, in: Michael Fieger (u. a. Hg.), Wörterbuch alttestamentlicher Motive, Darmstadt 2013, 350–354; Gabriele Oberhänsli-Widmer, Bilder vom Bösen im Judentum, Neukirchen-Vluyn 2013, 17–37.69–92; Themenheft Bibel kontra Naturwissenschaft: Die Schöpfung, Welt und Umwelt der Bibel 2 (2016). Was eine unmittelbare Arbeit an und mit den biblischen Texten angeht, wurde im Rahmen des Vortrages im Anschluss an den Vortrag Gen 1–4 skizzenhaft kommentiert.

47 Ulrich Lüke, Urknall, Evolution und Schöpfung: Ergänzung oder Widerspruch?, in: WUB 80 (2/2016) 11–17, hier 12.

48 Theodor Seidl, Die biblischen Schöpfungserzählungen und ihr altorientalischer Kontext, in: Dorothea Klein (Hg.), Die Erschaffung der Welt. Alte und neue Schöpfungsmythen, Würzburg 2012, 1–24, hier 19 mit Zitat von Jörg Hinrich Hacker, Irreführend und gefährlich. Wissenschaft wider Kreationismus und Intelligent Design, in: Forschung. Magazin der DFG 3 (2007) 2–3, hier 3.

nicht etwas Historisches erzählen, sondern Grundsätzliches. Die Grundmotivation für das Erzählen lässt sich mit Karl Löning und Erich Zenger so beschreiben: „Für die biblischen Erzähler ist das Faszinierende an der Schöpfung nicht, daß nun etwas da ist, was vorher nicht da war, sondern daß etwas Neues in Gang kommt, was es so vor der Schöpfung nicht gab bzw. geben konnte.“[49]

Diesen mythologischen Charakter teilen die Schöpfungserzählungen des Alten Orients (so z. B. auch das Enuma-Elisch-Epos oder Gilgamesch-Epos). Was sie zudem teilen, ist die Ausrichtung der Schöpfung auf ein größeres Ziel hin, sodass die Schöpfungsmythen des Alten Orients indirekt eine Antwort suchen auf das Was und Wozu der Schöpfung: „Was die Menschen der ersttestamentlichen Zeit, sowohl in Israel wie in Israels Umwelt, im Zusammenhang von Schöpfung mehr beschäftigt hat als der Gegensatz Nichts-Etwas waren die Gegensätze Chaos–Kosmos und Tod–Leben. […] Nicht *daß* etwas geschaffen wurde, sondern *was* und *wozu* geschaffen wurde bzw. wird, hat die biblischen Menschen bewegt.“[50]

In der konkreten Antwort auf das Was und Wozu gibt es allerdings deutliche Unterschiede. Darin heben sich die biblischen Schöpfungstexte von den Schöpfungstexten des Alten Orients ab. Der deutlichste Unterschied zu den Schöpfungstexten etwa der Ägypter und Babylonier dürfte darin bestehen, „daß [im biblischen Verständnis] das Weltall eine von ihm unterschiedene und unabhängige Ursache hat; daß diese Ursache *eine* ist; daß sie es ist, die auch weiterhin mit derselben Wirkmächtigkeit den Gang des Weltalls lenkt.“[51]

Diese eine Ursache für die Schöpfung ist den biblischen Texten nach: GOTT bzw. JHWH. Der Schöpfer tritt als Person auf, die von sich aus in freien Stücken die Welt als Ganze erschafft. Die Welt entsteht also nicht aus sich selbst oder aus einer inneren Notwendigkeit heraus. Alle ‚Werke‘ kommen allein von diesem

---

[49] Karl Löhning / Erich Zenger, Als Anfang schuf Gott. Biblische Schöpfungstheologien, Düsseldorf 1997, 19.

[50] Ebd., 20.

[51] Mircea Eliade, Schöpfungsmythen, Darmstadt 1993, 204.

Schöpfergott.[52] Ebendieser baut gemäß den biblischen Texten eine Beziehung auf zu seiner Schöpfung, insbesondere zu den Menschen.

Wenn wir den Horizont der biblischen Texte etwas weiter spannten und auch die Gottesreden im Buch Ijob (Ijob 38–41) und Psalm 104 in diese Überlegungen mithereinnähmen, dann stellten wir fest, dass dieser eine Gott, der alles erschafft, auch über das Erschaffen hinaus kontinuierlich die Welt am Leben hält: „Die Schöpfung ist also in der Bibel nicht ein Akt für sich, der, abgesetzt von allem übrigen, ein- für allemal vollbracht ist und nicht wiederholt werden kann. Sie ist nur ein ‚Anfang‘ (Gen 1,1; vgl. Sir 16,26 und Spr 8,23): das bedeutet, daß der von Gott gelenkte Gang der Welt andere gleichartige Momente enthält.“[53] Die theologische Tradition kennt dafür zwei Begriffe, nämlich *creatio prima* und *creatio continua. Creatio prima* beschreibt die Erst-Erschaffung, während *creatio continua* die Tatsache meint, dass Gott kontinuierlich und weiterhin als dieser eine Schöpfergott wirkt. Mithin spielt hier die Frage, inwieweit Gott in seine Schöpfung eingreift, aus dem obigen Punkt 5.1 Nachbarschaftsmodelle von Schöpfungsglauben und Naturwissenschaftenwieder herein.

Das wiederum hat in der Abgrenzung von den Schöpfungsmythen der altorientalischen Nachbarn weitreichende Folgen: Während in der Vorstellungswelt des Alten Orients und der Antike die sichtbare Welt und die Gestirne als Gottheiten verehrt wurden, stellen die biblischen Texte die sichtbare Welt als das Ergebnis des göttlichen Schöpferhandelns dar. Kurzum: Während die Sonne etwa im altägyptischen Kontext göttlichen Charakter hatte, ist sie von den biblischen Texten her Werk Gottes und dient dazu, das Tageslicht zu bringen. Das hängt auch damit zusammen, dass der biblische Gottesglaube zum Monotheismus hintendiert.[54]

Auch wenn es in diesem Punkt deutliche Unterschiede gibt zwischen den biblischen Schöpfungstexten und anderen altorientalischen Schöpfungsmythen, so muss dennoch – gerade mit Blick

---

[52] Vgl. ebd., 205.

[53] Ebd., 208.

[54] Vgl. den Beitrag von Ludger Schwienhorst-Schönberger im vorliegenden Band: Der Glaube an den einen Gott.

auf den Dialog mit den Naturwissenschaften – festgehalten werden, dass Versuche und Ansätze, „naturwissenschaftliche Welterklärung und biblische Schöpfungsdarstellung zu harmonisieren", letztlich zum Scheitern verurteilt sind, „weil diesen wohlgemeinten Ansätzen eine grobe Verkennung und Missdeutung der Sondertypik der biblischen Texte in ihrem altorientalischen Kontext zugrunde liegt".[55] Deshalb seien – in Anlehnung an Theodor Seidl – vier Thesen vorgestellt, um die biblischen Schöpfungstexte besser einordnen zu können:

These 1: „Die biblischen Schöpfungserzählungen sind religiöse Bekenntnistexte im narrativ-mythischen Sprachkleid, keine kausal-rationalen Weltentstehungstheorien."[56]

Freilich sind die biblischen Texte zu einer Zeit entstanden, in der das geozentrische Weltbild vorherrschend war und man meinte, alle Gestirne drehten sich um die Erde. Aber: Diese Vorstellung war von den biblischen Texten nicht als unhinterfragbare Wahrheit dargestellt worden. Zum Konfliktfall wurde diese Vorstellung erst dann, als innerhalb der christlichen Theologie versucht wurde, „das Handeln des Schöpfergottes, das die Bibel narrativ, mythisch und hymnisch darstellt, […] philosophisch zu erklären"[57]. Zu diesem Zeitpunkt ging man mit falscher Voraussetzung bzw. einer nicht geeigneten Hermeneutik an die biblischen Texte heran.

These 2:„Als religiöse Bekenntnistexte setzen die biblischen Schöpfungserzählungen die Existenz eines Schöpfergottes voraus und formulieren in diesem Rahmen die Abhängigkeit der Welt und

---

55 Theodor Seidl, Die biblischen Schöpfungserzählungen und ihr altorientalischer Kontext, in: Dorothea Klein (Hg.), Die Erschaffung der Welt. Alte und neue Schöpfungsmythen, Würzburg 2012, 1–24, hier 1. Diese von Theodor Seidl angesprochene „Verkennung und Missdeutung" entspräche letztlich dem, was Karl Barth als „dilettantische Quälerei" bezeichnet hätte (vgl. FN 24).

56 Ebd., 1.

57 Hansjörg Hemminger, In unseren Adern fließt das Urmeer (Anm. 29), 2.

der Lebewesen von diesem Gott“[58] *– und dies über die Anfänge hinaus.*[59]

Mit anderen Worten: In anderen altorientalischen Mythen schlüpfen Natur-Gegebenheiten in eine göttliche Rolle: Es gibt Sonnen-Gottheiten, Mond-Gottheiten; Gottheiten des Meeres, der Berg etc. Anders ist es im biblischen Kontext: Sonne, Mond, Meer, Berg etc. sind keine Gottheiten an sich, sondern Ausdrucksformen der Macht und Größe des Schöpfer-Gottes. Die Schöpfung als Ganze ist Ausdruck göttlicher Herrlichkeit (vgl. Jes 6,3).

These 3: Die biblischen Schöpfungserzählungen sind Mythen und sie entstammen dem Kulturraum des Alten Orients und teilen mit ihm, was und wie über Welt und Leben gedacht wird.

Ein Mythos ist nichts anderes als *religiöse Weltdeutung*: „Ein Mythos deutet die Welt, wie sie ist, nicht wie sie geworden ist. Ein Mythos sagt, was war, was ist, was immer sein wird; er sagt Zeitlos-Gültiges aus. Der Mythos versucht, eine religiöse Wirklichkeitsdeutung zu geben, um zur Wirklichkeitsbewältigung zu verhelfen. Der Mythos ist welterklärend und weltstabilisierend.“[60]

So teilen die biblischen Texte mit den altorientalischen Mythen, dass die Entstehung der Welt und des Menschen erzählt wird und auch die Bedingungen, unter denen das menschliche Leben besteht, legitimiert und reflektiert werden – aber eben nicht theo-

58 Ebd.

59 Vgl. die zuvor getroffene Unterscheidung von *creatio prima* und *creatio continua*.

60 Seidl, Die biblischen Schöpfungserzählungen und ihr altorientalischer Kontext (Anm. 55), 2 f. Theodor Seidl verweist dabei auch auf Erich Zenger, der über Gen 1–9 festhält: Diese Urgeschichten „erzählen nicht Einmaliges, sondern Erstmaliges als Allmaliges. Sie erzählen, was niemals war und immer ist, sie decken auf, was jeder weiß und doch nicht weiß.“ Zit.: Erich Zenger, „Das Blut Deines Bruders schreit zu mir“ (Gen 4,10). Gestalt und Aussageabsicht der Erzählung von Kain und Abel, in: Dietmar Bader (Hg.), Kain und Abel. Rivalität und Brudermord in der Geschichte der Menschen (Schriftenreihe der Katholischen Akademie der Erzdiözese Freiburg), Freiburg 1983, 9–28, hier 11.

retisch, sondern erzählerisch wird über unser menschliches Leben nachgedacht.

These 4: Die biblischen Schöpfungserzählungen „setzen abgelaufene Geschichtsprozesse voraus, blicken auf sie zurück und deuten sie theonom“[61].

Auch wenn die Schöpfungstexte am Beginn der Bibel stehen, handelt es sich keineswegs um die ältesten Texte! Eher das Gegenteil trifft zu: Es sind Texte, die erst Mitte bis Ende des 6. Jahrhunderts bzw. zu Beginn des 5. Jahrhunderts v. Chr. entstanden – im Umfeld bzw. nach der einschneidenden Erfahrung des Babylonischen Exils. Die Schöpfungstexte erzählen zwar von der Vergangenheit, aber sie nehmen letztlich die Gegenwart und die Zukunft in den Blick: Die Schöpfungsmythen versuchen zu erklären, warum das Leben so ist, wie es ist – und sie versuchen auch anzuzeigen, wie es mit der Welt weitergehen kann und wird. „Es geht ihnen nicht darum auszusagen, w i e und w a n n etwas geschaffen wurde, sondern was w a r u m und w o z u geschaffen wurde.“[62]

7. Schlusspunkt

Die vorausgegangenen Überlegungen versuchten in insgesamt fünf Anwegen, über den christlichen Schöpfungsglauben nachzudenken. Jeder Anweg für sich böte noch genügend Raum für Vertiefung und bleibt notgedrungen nur Stückwerk. Doch vielleicht und hoffentlich sind die vorgestellten Gedankengänge eine Anregung für ein intensiveres Theologisieren und Philosophieren zum Thema Schöpfung, insbesondere was die biblischen Texte betrifft, zumal die Schöpfung einem Buch vergleichbar ist, in das man sich schier endlos hineinvertiefen kann. So wünscht der Autor dieses Beitrags mit einer Sentenz aus „Der Cherubinische Wandersmann“ des Johannes Scheffler, der besser bekannt ist unter seinem

---

61 Ebd., 3.

62 Seidl, Die biblischen Schöpfungserzählungen und ihr altorientalischer Kontext (Anm. 55), 5.

latinisierten Namen Angelus Silesius, in einem mehrfachen Sinn viel Lese-Freude:[63]

Der Schöpfer im Geschöpfe

Die Schöpfung ist ein Buch; wers weislich lesen kann, /
Dem wird darin gar fein der Schöpfer kund getan.

---

63 Angelus Silesius, Sämtliche Poetische Werke. Bd. 3: Cherubinischer Wandersmann, München 1949, V. Buch Nr. 86.

Hermann Stinglhammer

Sind Glaube und Vernunft ein Widerspruch in sich oder lassen sie sich miteinander denken?

Ein theologischer Versuch

1. Der prägende Konflikt der Gegenwart: Glaube und Vernunft als kontradiktorischer Gegensatz

Dass Glaube nicht Wissen sei und daher ein modernes Denken, das sich vernünftig begreift, zum christlichen Wahrheitsanspruch in einem kontradiktorischen Gegensatz stehe, dass Glaube also schlechterdings unvernünftig sei[1], gehört zu den Grundüberzeugungen einer Gesellschaft, die sich aufgeklärt gibt. Darum kann eine zeitsensible Einführung in das Christentum heute angesichts des Wahrheitsanspruches des Glaubens an dieser vielleicht fundamentalsten aller Infragestellungen unserer Zeit nicht vorbeigehen. Die folgenden Überlegungen sind religionsphilosophischer und theologischer Art. Sie versuchen, eine grundlegende Antwort auf die Fragestellung zu finden. Verschiedenste Einzelperspektiven, die sich in diesem Diskurs zwischen Theologie, Philosophie und Naturwissenschaften ausmachen ließen, bleiben zugunsten einer größeren Verständlichkeit ausgespart. Die folgende Denkbewegung geht also schlicht der Frage nach, wie Glaube und Vernunft zueinanderstehen. Es wird sich dabei hoffentlich klären, dass Glaube in die Vernunft hineingehört und er so gerade nicht unvernünftig, sondern vernunftbegründend ist. Ich werde mich zunächst im Bereich der Philosophie und ihrem Wissens- und Vernunftbe-

---

[1] „Afterdienst" nennt daher der Aufklärer Immanuel Kant innerhalb seiner Reflexionen zur „Religion innerhalb der Grenzen der bloßen Vernunft" regelmäßig den seiner Sicht nach unaufgeklärten Kirchenglauben im Gegensatz zu einem durch die selbstreflexive Vernunft gereinigten Glauben.

griff aufhalten. Etwas philosophische Geduld ist also erforderlich. Dennoch wird sich der folgende Weg öffnen auf eine Sicht von Glauben im Sinne einer erkenntnistheoretischen Notwendigkeit, die ihn in einer grundsätzlichen Weise in den Raum menschlicher Vernunft hineinstellt. Sehen wir also zu.

2. Eröffnung eines möglichen Antworthorizontes: Die neuzeitliche Vernunft und ihr Ausgriff auf die Wahrheit

Unser modernes Denken begreift sich im Sinne einer kritischen Vernunft. Es analysiert und durchleuchtet die Wirklichkeit mit den Methoden eines mathematisch messenden Ansatzes, in dem sie sich ihre Ergebnisse mittels experimenteller Vergewisserung aneignet. Unser gegenwärtiges Denken nimmt dementsprechend keine Wahrheit an, die sich nicht vor diesen basalen Vernunftkategorien ausweisen lassen. Ausgehend von dieser höchstmöglich gesicherten Objektivität greift es auf die Wirklichkeit aus, um sie von dieser zugrunde gelegten Logik aus gleichsam neu zu entwerfen und zu bauen. Dies war nicht immer so. Unser gegenwärtiges Denken hat seine ihm eigene Geschichte. An dessen Anfang steht Mitte des 17. Jahrhunderts – zusammen mit anderen – in signifikanter Weise der französische Philosoph René Descartes († 1650) mit seinem für das moderne Denken wegweisenden Satz: „cogito ergo sum!“[2] – „ich denke, also bin ich!“ Dies bedeutet in seiner letzten Konsequenz, dass nunmehr nicht mehr – wie bisher – der Zirkel der Wahrheitssuche von einem göttlichen Punkt aus geschlagen wird, sofern der Gottesglaube als Fundament der Wahrheit durch den Streit der christlichen Konfessionen selbst zweifelhaft geworden ist. Vielmehr setzt sich nun der Mensch mit seinem eigenen vernünftigen Ich in den Mittelpunkt der Wahrheitssuche ein. Künftig versucht er dem Meer der Ungewissheit und des Zweifels mit den Mitteln der als objektiv gefassten Naturwissenschaften den Boden gesicherten Wissens abzugewinnen, auf dem

---

2 Philosophische Schriften in einem Band, Hamburg 1996, „Discours de la methode“, Teil 4, Abschnitt 3, 55.

er verlässlich leben kann. Letztlich baut der moderne „homo faber" von nun an seine eigene Welt ohne Gott als Garanten der Wirklichkeit. Und dies dadurch, dass er immer mehr an Welt unter die Vormacht seines eigenen Denkens bringt, sie also schlicht zu beherrschen sucht: „Maître et possesseur de la nature" lautet daher im Raum der Aufklärung die zukunftsweisende Rollenbeschreibung des modernen Menschen. Aber mit den unbestrittenen Erfolgen dieses Typus von Vernunft, die sich in unserer technischen Zivilisation manifestieren, geht eine sich bisweilen doch ideologisch gebende Position einher, wonach jede andere Lesart von Welt und Mensch als Nichtwissen im Sinne von „Vermutung" und „Mutmaßung" zu kritisieren sei. Solche Aussagen kämen dann lediglich auf der Ebene des lateinischen „putare", also im Sinn eines bloßen „Meinens" zu liegen. Aussagen solcher Art kämen also dem Bereich des Nichtwissens zu und seien daher als unvernünftig, jedenfalls aber für die Praxis des Menschen irrelevant oder eben noch nicht naturwissenschaftlich dechiffriert zu beurteilen. In dieser Entwicklung des modernen Wissenschaftsprojektes zeigt sich dabei genau jene Fehlstellung, die Joseph Ratzinger immer wieder als ein übergenaues Sehen mit dem Auge der zerlegenden und konstruierenden Vernunft auf Kosten einer weitgehenden Erblindung für alle übrigen Dimensionen des Seins auf der Ebene eines Seinsverstehens diagnostiziert hat.[3] In diesem Vernunftprojekt gehört es zu den unverrückbaren Prämissen, dass allein das „cogito" des naturwissenschaftlichen Subjekts den Zugang zur Wirklichkeit findet und insofern jeden anderen abweisen muss. Nun zeigt sich allerdings bei genauerem Hinsehen, dass paradoxerweise auch dieses Wissen nicht ohne Glauben auskommt, sofern es den Glauben mindestens an die Möglichkeit von Wahrheit überhaupt voraussetzen muss, um vernünftigerweise in Gang zu kommen. Warum ist das so? Alles menschliche Erkennen steht im Raum einer endlichen Geschichte. Und das bedeutet: Wir haben die Wahrheit als solche nicht und kommen nicht „hinter" sie, sofern sie uns als die immer größere Wahrheit als ganze entzogen

3 Vgl. dazu etwa Benedikt XVI., Europa in der Krise der Kulturen, in: Ders.: Gott und die Vernunft. Aufruf zum Dialog der Kulturen, Augsburg 2007, 68–84, v. a. 76–80.

ist. Damit zeigt sich menschliches Erkennen als Weg in eine Wahrheit, die der Mensch immer schon voraussetzen muss, weil er sie nicht besitzt und daher auch nicht von sich aus begründen kann. Mit anderen Worten: Jedes Wissen wird zu sich selbst freigesetzt durch eine Wahrheit, auf die es sich – in einem rational begründeten Glauben und Vertrauen – immer schon bezogen weiß. Der griechische Philosoph Aristoteles († 322) stellt daher am Ursprung unserer europäischen Denktradition fest, dass Glaube im Sinne einer Bejahung von Wahrheit die notwendige Voraussetzung dafür ist, um zum Erkennen von einzelnen Wahrheiten zu gelangen. Für ihn gilt der fundamentale Satz: „Wer wissen will, muss glauben.“[4] Und Thomas von Aquin folgt ihm im Hochmittelalter, wenn er erklärt, dass der Glaube ein „Wissen mit Zustimmung“ sei und dabei das willentliche Moment in der Wahrheitserkenntnis herausstellt.[5] Denn erst im freien Anerkennen einer Wahrheit wird die menschliche Vernunft ihrer auch buchstäblich „inne“ und kann sich diese ihm schenken. Man erkennt deshalb nur, was man in einer ursprünglichen Bejahung von Wahrheit auch an ihr sehen und erkennen will, sofern man sich ihr in einem Akt des Vertrauens öffnet als dem Anderen, das meinem Erkennen und Wahrnehmen vorausgeht. Insofern erweist sich der menschliche Glaube als solcher nicht als ein Akt der „Untervernunft“, sondern als ein ursprüngliches Öffnen der freien Vernunft auf eine Wahrheit, die als solche noch nicht die ihre ist.[6] In dieser Hinsicht

---

4 Analytiken 4, 12, 72a.

5 Summa Theologiae, II/II ad 2 u. ad 3.

6 Vgl. dazu John Henry Newman und seine Verhältnisbestimmung von Glauben und Vernunft: „Er (der Glaube, H. St.) steht scheinbar im Widerspruch zur Vernunft, in Wirklichkeit aber nicht … Die Menschen schreiten auf Gründe hin voran, die sie nicht angeben können; und wenn sie es könnten, so vermögen sie doch deren Wahrheit nicht zu beweisen; sie tun es also auf unentwickelte oder vorausliegende Gründe hin, die sie als bewiesen annehmen … Die Gründe, die wir vorbringen können, mögen noch so genau und vollständig, unsere Methode mag noch so systematisch, unsere Beweisführung noch so klar und greifbar sei – sobald unser Gegenstand auf seine einfachen Elemente zurückgeführt wird, muss schließlich doch immer etwas angenommen werden, was nicht bewiesen werden kann. Und ohne dieses wäre unsere Schlussfolgerung genauso unlogisch, wie der Glaube dem Weltmenschen unlogisch zu sein scheint.“, zit. Nach Günter Biemer / James Derek

gerät das Verhältnis von freier Vernunft und Wahrheit schon in die Nähe dessen, was der biblische Glaubensbegriff im Sinne der lateinischen „fides" meint: Ein freies Sich-Anvertrauen und Sich-Festmachen an der vorausgesetzten Wahrheit, um in ihrer Festigkeit („fidelitas") sicheren Stand für das menschliche Erkennen und den eigenen Selbstvollzug zu gewinnen. Dieses Wahrheitsverständnis drückt sich in der religiösen Glaubenssprache des Alten Testamentes dort aus, wo das hebräische Wort „aemin": „sich anvertrauen, festen Stand gewinnen" den Glauben an die göttliche „aemet-Wahrheit" benennt, durch den der Mensch sich in seinem „In-der-Welt-sein" auf die Treue Gottes verlassen kann. Mit jedem „Amen", mit dem Christen ihre Gebete beenden, ratifizieren sie diese Grundwahrheit biblischen Glaubens als Möglichkeit eines sicheren Stehens als Mensch in der größeren Wahrheit Gottes. Zwar mag dem Glauben an „Wahrheit überhaupt" im Raum einer wissenschaftlichen Vernunft im Unterschied zu einem bewussten religiös-biblischen Glauben zwar nur der Status einer erkenntnistheoretischen Voraussetzung zukommen, die mit einem Wissen an sich noch nicht identisch ist. Dennoch zeigt sich bereits hier, dass der menschliche Akt des Glaubens im Sinne einer grundlegenden „Bedingung der Möglichkeit" von Wahrheitserkenntnis notwendig in die Vernunft hineingehört. Das bedeutet aber: Glaube und Vernunft gehören zusammen, weil Vernunft ohne Glauben nicht möglich ist, als solche nicht in Gang kommen und sich für die fremde Wahrheit, die noch nicht meine eigene ist, öffnen kann. Über ein rein theoretisches Verständnis hinaus wird dies konkret in unserem Alltagsverhalten, in dem wir uns selbstverständlich mit „blinder Sicherheit" bewegen. Auch hier liegt ein uns kaum bewusster Glaube vor, den der Religionsphilosoph Bernhard Welte als „da-

---

Holmes (Hg.): Leben als Ringen um die Wahrheit. Ein Newman Lesebuch, Mainz 2019, 196. Für Newman gilt daher: „Nichts also, was die Heilige Schrift über den Glauben sagt, wie erstaunlich es auch auf den ersten Blick sein mag, ist im Widerspruch mit dem naturgegebenen Zustand, in dem wir uns bei der Erwerbung von Wissen auch sonst befinden: Immer müssen wir etwas voraussetzen, um irgendetwas zu beweisen: und wer nichts wagt, gewinnt nichts." (ebd., 197) – Mit den letzten Worten stellt Newman wie Thomas von Aquin die freiheitliche und sittliche Dimension im Erkennen von Wahrheit heraus.

seinsbegründenden Glauben“[7] bestimmt hat, d. h. als die Grundannahme, dass die vorfindliche Wirklichkeit verlässlich ist und planbares und voraussehendes Handeln gewährleistet. Dieses „Urvertrauen“, so Welte, wird geweckt durch die Erfahrung der verlässlichen Liebe der Eltern, in der das Kind seinen festen Stand in der Welt gewinnt. Insofern sieht Welte den daseinsbegründenden Glauben auf den „personalen Glauben“[8] hin geöffnet. Beide Glaubensweisen bilden je auf ihre Weise mit- und ineinander die Fundamente für ein menschliches Selbst- und Weltverstehen.

Im Blick auf meinen bisherigen Gedankengang lässt sich festhalten: Die Vernunft des Menschen und damit sein Weltvollzug sind nicht selbstbezüglich zu interpretieren. Das bedeutet: Menschliches Erkennen gründet nicht in sich selbst. Der geist- und wahrheitsbegabte Mensch trägt zwar im Sinne seiner Potenzialität und Möglichkeit die Fähigkeit zur Erkenntnis von Wahrheit in sich. Aber auf diese ihm zunächst fremde Wahrheit muss er sich in einem existenziellen Glauben verlassen, um erst dadurch in das eigene Wahrnehmen freigesetzt zu werden. Blicken wir von diesem Ergebnis aus nun in einer neuen Perspektive auf unsere Frage nach der Beziehung von Vernunft und Glaube, um unseren bisherigen Blick noch zu weiten.

3. Ein anderer Blick: Glaube als Vernehmen von Wahrheit, die sich mir zeigt und gibt

Betrachtet man menschliches Erkennen unter dem Aspekt, dass der Mensch von Anfang an in einer Welt der Sachen, Personen, Ereignisse und einer ganzen Geschichte hineingestellt ist, die schon immer *vor ihm* da sind, kehrt sich die Wahrheitsrelation für das erkennende Ich in einer dramatischen Weise um. Aus einem Ich, das – so die gängige moderne Sicht – von sich aus auf die Welt ausgreift, wird nun eines, das sich von der Welt her empfängt, sofern diese ihm ihre mannigfache Wahrheit zusagt, zu-

---

7 Bernhard Welte, Was ist Glauben? Gedanken zur Religionsphilosophie, Freiburg 1982, 21–31.

8 Vgl. ebd.

schickt und zeigt. Aus dem weltkonstruierenden „Ich“ wird nun ein „mir“ und „mich“ des Wahrheitsempfangs als Moment in einem dialogischen Geschehen, in dem das „Ich“ wesentlich in die Rolle des Beschenkten eingewiesen wird.[9] Dies ist deshalb so, weil eine Wahrheit, die nicht aus mir kommt, sondern sich *mir* schenkt oder *mich* beansprucht, um *mich* zu *mir* freizusetzen, menschliches Erkennen wesentlich als Wahr-Nehmung bestimmt. Damit entspricht Wahrheit exakt dem griechischen Verständnis, sofern dort mit „aletheia“ jene Dimension von Wahrheit in den Blick kommt, in der diese aus ihrer Verborgenheit heraustritt und sich dem Menschen *zu erkennen gibt*. Damit wird die menschliche Wahrnehmung in ein Wahrheitsgeschehen hineingestellt, das den Menschen und seine Vernunft wesentlich als eine Haltung des Aufnehmens charakterisiert. Mag diese Form des Wahrheitsempfangs im Gegensatz zur cartesianischen Konstruktion von Wahrheit durch das aktive Ich zunächst rein passiv erscheinen, sofern das Ich sich hier zurücknimmt, um für andere Wahrheit Raum zu schaffen, so gilt doch: Diese Passivität ist zugleich Ausdruck höchster Aktivität, sofern das Ich sich stets aufmerksam für sie halten muss und die ihr je eigene Weise ihres Sich-Zeigens. Im Bild gesprochen: Der Mensch kommt in seiner eigenen Vernunft angesichts der je größeren Wahrheit einem Echoraum gleich, der sich empfänglich für den konkreten Gegenstand halten muss, um seiner buchstäblich *inne* zu werden. Die geforderte actio der Vernunft besteht also wesentlich darin, sich selbst für die Wahrheit offen zu halten, sofern und wie sie sich zeigt.[10] Unmittelbar ein-

---

9 In grundsätzlicher Weise wird dieser Ansatz gegenwärtig reflektiert von Jean Luc Marion, Gegeben Sei. Entwurf einer Phänomenologie der Gegebenheit, Eichstätter Philosophische Studien, hrsg. von Walter Schweidler, München 2015. Für Marion gilt in dieser Perspektive für das grammatische Subjekt des „Ich“: „Der Übergang vom Nominativ zu den gebeugten Fällen (Akkusativ, Dativ) kehrt somit die Hierarchie der metaphysischen Kategorien um: Das individuelle Wesen … geht letztlich der Relation … nicht mehr voraus und schließt sie auch nicht mehr aus seiner ontischen Vollkommenheit aus. Im Gegenteil: Die Relation geht hier der Individualität voraus.“ Ebd., 442.

10 Diese Perspektive der Offenheit des Menschen gegenüber der sich zeigenden und sich gebenden Wahrheit hat Hans Urs von Balthasars in seiner ästhetischen Grundlegung und dramatischen Durchführung seiner Theologie gel-

sichtig wird diese Wirklichkeit wieder am existenzialen Ort des neugeborenen Menschen. Hier zeigt sich in jeder Hinsicht, dass Menschsein sich ganz und gar vom anderen her empfängt. Kein Mensch stellt sich aus eigenem Können und Vermögen in diese Welt hinein. Und auch in seinem geistigen Erkennen wird er primär durch die ersten Bezugspersonen zu sich selbst ermächtigt; das Kind lernt sprechen und denken. Es lernt damit zugleich fundamentale Kategorien von Weltverstehen, auf denen seine eigene Welterfahrung aufbauen wird. Dies alles vollzieht sich vonseiten des Kindes zunächst in einer ursprünglichen Öffnung, die dem entspricht, was wir vorhin den vertrauenden Glauben genannt haben. Erst in dieser sich-wagenden Selbstüberschreitung auf das Du des Anderen kann das Kind sich seine Wahrheit als eine ihm geschenkte und angebotene zu eigen machen.[11] Glauben wird so transparent auf den grundlegenden Akt der Selbstweggabe an die andere Wahrheit, wie sie mir von einer anderen Person geschenkt wird.[12] In dieser Hinsicht steht dieses Moment der Selbstüber-

---

tend gemacht. Die erkenntnistheoretische Begründung findet sich dann in: „Theologik 1, Wahrheit der Welt, Einsiedeln 1985.

11 Hans Urs von Balthasar erläutert dieses Wahrheitsgeschehen an der ursprünglichen Beziehung des Kindes zu seiner Mutter und deutet es zugleich als Erschließungshorizont für die Möglichkeit des religiösen Glaubens: „Das kleine Kind erwacht zum Selbstbewusstsein im Angerufensein durch die Liebe der Mutter. Diese Emporkunft des Geistes zum wachen Selbstbesitz ist ein Akt einfacher Fülle, der nur in abstracto in verschiedene Aspekte zerlegt werden kann … deshalb ist von diesem Blitz des Ursprungs (der Liebe, H. St.) her alles angestrahlt – ich und du und Welt – mit einem so hellen und heilen Strahl, der auch eine Eröffnung Gottes mit einschließt. Im Anfang war das Wort, in dem ein liebendes Du das Ich herausruft." In: Der Zugang zur Wirklichkeit Gottes, in: Mysterium Salutis, Grundriss heilsgeschichtlicher Dogmatik, herausgegeben von Johannes Feiner und Magnus Löhrer, Einsiedeln u. ö., 1967 Band II, 15, 16.

12 Vgl. dazu Thomas Möllenbeck / Berthold Wald (Hgg.), Wahrheit und Selbstüberschreitung. C.S. Lewis und Josef Pieper, Über den Menschen, Paderborn u. a., 2011. Augenscheinlich wird dieses Wahrheitsgefüge zwischen einem erkennenden Ich und einer ihm noch fremden Wahrheit beim Lernvorgang des Schwimmen-Könnens im Wasser. In der Regel zeigt sich, dass dieser Schritt nur ermöglicht wird in einem Vertrauen, das die eigene Furcht hinter sich lassen kann und in der Regel durch eine andere Person dazu ermutigt wird, auf die der Lernende sich verlassen muss. Entscheidend dabei ist, dass

schreitung in einer absoluten Nähe zum Glaubensvollzug, wie ihn die Bibel Alten und Neuen Testamentes kennt. Dort ist der Glaube des Menschen in seinem Gottesverhältnis ein Vertrauensglaube im Sinne der „fides". Diese Haltung wird näherhin charakterisiert durch die lateinische Verbform „credere", die von ihrer etymologischen Wurzel her besagt „jemand sein Herz geben", eben weil der Andere sich für mich als glaubwürdig erweist und ich mich auf ihn und seine Wahrheit als den festen Boden meiner Existenz verlassen kann. Damit zeichnet sich Glaube aus als das freie Wagnis der Offenheit, in dem allein eine andere Wahrheit bei „mir" ankommen kann. Das aber bedeutet: Der Wahrheit aus dem Raum jenseits meiner selbst ist ganz im Sinne des „credere" der frei gewährte Kredit des Vertrauens zu machen, damit sie sich mir geben kann. Damit wird der Glaube als ein fundamentaler Akt der Freiheit sichtbar, der seitens des Subjekts mitkonstitutiv ist für das Sich-zeigen-Können von Wahrheit. Darum kann diese Wahrheitsbeziehung seitens des Menschen auch gestört oder ganz verhindert werden, insofern er sich nicht für die Haltung eines wahrheitseröffnenden Glaubens entschließt, sondern in den Kategorien des eigenen Ichs verbleibt. Dann kommt das Ich nicht über sich selbst hinaus, kann es die je andere Wahrheit als solche überhaupt nicht aufnehmen. Damit wären wir bei der Wirklichkeit des Zweifels bis hin zum Unglauben als menschliche Möglichkeit des Sichverschließens und Abwendens von der sich zeigenden Wahrheit – einschließlich Gottes – angelangt. Denn erst in der freien Selbstöffnung auf die jeweilige Wahrheit kommt ihr Anruf auch beim Menschen an. Dieser vielleicht abstrakte Zugang zum Glauben als unhintergehbaren Grundakt von Wahrheitserkenntnis überhaupt wird sofort plausibel im Raum von Dichtung, Religion und Spiritualität, also in herausragenden Gestalten empfangenden Menschseins. So etwa weiß der Dichter Rainer Maria Rilke um den Anruf des ganzen Menschen, der ihn wie ein Blitz treffen kann und darin sein ganzes Sein umkehrt. Angesichts des Fragments einer antiken

---

es zunächst nicht primär die Technik des Schwimmens ist, die diesen Lernvorgang erfolgreich macht, sondern das fundamentale Vertrauen in seine Möglichkeit, die mir vom anderen her zugesagt und in seiner Verlässlichkeit auch bewährt wird.

Apollosstatue im Louvre formuliert er: „[…] denn da ist keine Stelle, die dich nicht sieht. Du musst dein Leben ändern."[13] In eine ganz ähnliche Erschließungssituation führt uns der romantische Dichter Joseph von Eichendorff, wenn er in seinem Gedicht mit dem bezeichnenden Titel „Die Wünschelrute" von jenem „Zauberwort" spricht, das den Menschen „trifft" und ihn und seine Welt damit in einen neuen Horizont weitet: „Schläft ein Lied in allen Dingen, die da träumen fort und fort. Und die Welt hebt an zu singen, triffst du nur das Zauberwort."[14] In eine solche Offenheit für das Sein in seinem unterschiedlichen Sichzeigen und Geben kann sich schließlich auch der religiöse Tiefengrund der Wirklichkeit einspielen und das Göttliche in der Natur fühlbar machen. So formuliert der uralte Psalm 19,1–5: „Die Himmel erzählen die Herrlichkeit Gottes, und das Firmament kündet das Werk seiner Hände. Ein Tag sagt es dem andern, eine Nacht tut es der andern kund, ohne Rede und ohne Worte, unhörbar bleibt ihre Stimme. Doch ihre Botschaft geht in die ganze Welt hinaus, ihre Kunde bis zu den Enden der Erde." Anhand dieser wenigen Beispiele zeigt sich, wie Glaube und Vernunft im Horizont menschlicher Offenheit für die sich zeigende Wahrheit aufeinander integrieren. Dabei allerdings erscheint nun Vernunft wirklich als das ganzheitliche Vermögen des *Vernehmens*: als ein Sichöffnen des „Ich", um die andere und größere Wahrheit sich in allen ihren Ausdrucksformen und Tiefendimensionen zeigen zu lassen; und zwar in der Weise wie sie sich mir zeigt und „zuspielt". In diesem dialogischen und zutiefst freiheitlichen Geschehen ist der Mensch in seiner gesamten Rezeptivität als Person beansprucht. Glauben bedeutet deshalb etwas völlig anderes, als ein nur theoretisch-distanziertes oder gar skeptisches zur Kenntnisnehmen. Es besagt vielmehr den je neu geforderten und nicht zu überspringenden Grundakt des „Ich", welches sich von dieser Wirklichkeit angehen und beanspruchen lässt, ohne ihr von sich her und vorschnell „ins Wort zu fallen". Denn die Wirklichkeit als solche ist immer schon vor mir da, und

---

13 Archaischer Torso Apollos, Neue Gedichte, 2.Teil, in: Rainer Maria Rilke, Werke, Rilke Archiv (Hg.), Frankfurt 1980, Bd. I.2, 313.

14 Hartwig Schultz u.a. (Hgg.): Joseph von Eichendorff, Werke in sechs Bänden, Bd. 1 Frankfurt a. M 1987, 328 u. 1038.

ich bin da, indem ich in sie als das Andere und Größere meiner selbst eingelassen bin. Auch wenn anschließend an diesen fundamentalen Wahrheitsempfang das eigene Denken in einer analytischen und zergliedernden Weise mit dieser Wahrheit umgeht, so sind diese Reflexionen der ersten Wahrheit doch immer nachgeordnet. Und darum zugleich wieder auf sie vorläufig, also möglicherweise auch auf sie hin zu korrigieren.

Damit wird der Glaube an Wahrheit als Voraussetzung jeder Vernunft im Letzten als Gehorsam transparent: als anerkennendes Hören und Vernehmen der Wirklichkeit des Seins im je größeren Ganzen. Am Ende unserer zweiten Perspektive auf das Erkennen von Wahrheit zeigt sich also: Das Wesen von Vernunft als einer rein analytischen Vernunft, die im modernen Sinn im Ausgang von diesen Wahrheitskategorien des modernen Ich die Welt konstruiert, wandelt sich in eine Vernunft als seinsempfangendes und seinsverstehendes Wahr-Nehmen dessen, was sich von sich zeigt und gibt. Man könnte auch sagen: Sie kehrt sich um von einer subjektzentrierten zu einer dialogisch geöffneten Vernunft – zu einem Vernehmen, das sich ansprechbar macht für das Sein im Ganzen.

4 Der theologische Glaube: Die Entsprechung zum empfangenden Wissen angesichts der freien Gottesoffenbarung vor dem Menschen

In diese oben entfaltete Dynamik eines dialogischen Wahrheitsgeschehens, in dem die Wahrheit vor den Menschen hintritt und ihn in seiner Freiheit an- und aufruft, schreibt sich auch die freie Offenbarung Gottes ein. So kann die angemessene Haltung jenem Gott gegenüber, der sich dem endlichen Menschen in seiner göttlichen Souveränität – biblisch gesprochen: in seiner Herrlichkeit – als der alles begründende und unvordenkliche Grund des Seins offenbart, seitens des Menschen nur der Glaube im Sinne von „fides“ und „credere“ sein. Und wie ein exzeptionelles innerweltliches Ereignis aus seiner eigenen Kraft heraus den Menschen für sich einnehmen und auf sich hin „entrücken“ kann, gilt dies gerade für die Offenbarung des göttlichen Grundes aller Wirklichkeit. Wo er in die Welt und in das Denken des Menschen „einbricht“ (Emmanuel Levinas), muss er ihn von sich aus zu diesem neuen Sehen im Glauben ermächtigen, damit er der göttlichen und also der ganzen und darin ganz anderen Wahrheit „gewachsen" ist. Theologisch sprechen wir in diesem Zusammenhang vom Glauben als einer Wirkung der Gnade Gottes im Heiligen Geist. Wir sagen damit, dass Gott selbst es ist, der den Menschen sich in seinem Sichzeigen auf sich hin in Bewegung bringt. Thomas von Aquin lehrt daher, der Glaube sei als der initiale Akt einer wahrnehmenden An-erkenntnis Gottes zu sehen, die von Gott selbst getragen ist, um ihn für die göttliche Wahrheit zu öffnen, die ihrem Wesen nach absolut transzendent, also über jedes endliche Erkenntnisvermögen hinaus ist. Damit nimmt der Glaube notwendig die Gestalt des Gehorsams, des Hörens auf Gott an. Solches Hören zeigt sich im Raum der Bibel Alten und Neuen Testamentes in mannigfacher Weise. Archetypisch greifbar wird es im Glaubensgehorsam Abrahams: „Abraham glaubte dem Herrn, und der Herr rechnete es ihm als Gerechtigkeit an" (Gen 15,6). Hierbei ist unter „Gerechtigkeit" nicht eine moralische Kategorie bezeichnet, sondern die rechte Weise im Umgang mit dem Sichzeigen Gottes. Glaube ist dort gerecht, wo der Mensch sich in seinem Gehorsam in das rechte Verhältnis zu Gott setzt, ihn in seiner größeren Wahrheit und damit in seinem Gottsein anerkennt. Im Raum des Neuen Testamentes wird diese Glaubensgerechtigkeit exemplarisch verkörpert im Glauben Mariens und ihrem freien Ja zu Gott und seinem ihr geltenden Willen: „Da sagte Maria: Ich bin die Magd des Herrn, mir geschehe, wie du gesagt hast" (Lk 1,38). In Abraham wie in Maria zeigt sich der gottentsprechende Glaube, der dem Geschöpf und seinem Gottesverhältnis entspricht und darin zugleich als dessen freie Antwort auf Gott sichtbar wird. Im Glauben antwortet der Mensch auf das freie Liebesangebot Gottes, das ihn in der Offenbarung erreicht und mit seiner Wahrheit gleichermaßen beansprucht und beschenkt. Diese Grundform des geschöpflichen Gottesglaubens findet ihre Vollendung im Sendungsgehorsam Jesu Christi selbst, sofern er als der menschgewordene Sohn in seinem Tun und Lassen ganz und gar aus der Wahrheit des Vaters lebt und darum – auch am Kreuz – nicht aus seiner Beziehung zum Vater herausfällt, sodass Passion und Ostern theologisch letztlich identisch sind und auf das „Sein der

Wahrheit Gottes“ konvergieren. Christologisch glauben heißt daher für den Menschen: Teilnehmen an der Sohnesbeziehung Jesu Christi zu seinem Vater, um „mit, durch und in ihm“ ganz aus der Wahrheit Gottes zu leben. Diese Form christologischen Glaubens findet sich dezidiert im gesamten Johannes-Evangelium, aber ebenso in den synoptischen Evangelien wie in der paulinischen Theologie. Dazu nur einzelne Schlaglichter: Im vierten Evangelium fasst der Sohn seine heilsgeschichtliche Sendung zusammen mit dem Wort: „Meine Speise ist es, den Willen dessen zu tun, der mich gesandt hat“ (Joh 4,34). Und im Markusevangelium bittet Jesus angesichts der Passion: „Nimm diesen Kelch von mir! Aber nicht was ich will, sondern, was du willst [soll geschehen]“ (Mk 14,36). Die Theologie des Hebräerbriefes zieht daraus die Summe, wenn er Jesus Christus als „Urheber und Vollender des Glaubens“ (Hebr 12,2) bezeichnet. Und dies darum, weil in dessen Existenz sich der menschliche Gehorsamsglaube ungebrochen auf Gott hin vollzieht, was nichts weniger besagt als die Erlösung des Menschen in die Gottesbeziehung hinein. Damit aber erschließt sich zugleich die ganze lebendige Wahrheit Gottes. Das Johannesevangelium fasst daher die erlösende Gestalt des menschgewordenen Sohnes dahingehend zusammen, dass er „der Weg, die Wahrheit und das Leben“ (Joh 14,6) sei. Christologischer Glaube besagt demnach diejenige Haltung des Menschen, sich in seiner eigenen Lebensgestalt von Gott her zu übernehmen und so die Wahrheit freiwillig zu bejahen, in die hinein er in Christus geschaffen ist.[15] Ignatius von Loyola wird diese Haltung auf den neuzeitlichen Menschen hin mit dem Begriff der Indifferenz fassen. Demnach findet der Mensch nur dort in seine Wahrheit, wo er sich in seiner freien Wahl den göttlichen Willen zu eigen macht. Diese geistliche Kultivierung der Glaubensbeziehung als Gehorsam zu Gott ist aber nicht nur in der ignatianischen Spiritualität zu finden. Jede authentische Form christlichen Glaubenslebens ist davon durch-

---

[15] So bestimmt Christus im Hebräerbrief die Haltung seines Menschseins vor Gott folgendermaßen: „Schlacht- und Speiseopfer hast du nicht gefordert, doch einen Leib hast du mir bereitet. An Brand- und Sündopfern hast du kein Gefallen. Da sagte ich: Siehe, ich komme, […] deinen Willen, Gott, zu tun. (Hebr 10,5–7).

prägt. Dabei geht es um das Einüben der inneren Teilnahme an der christologischen Selbstüberschreitung Jesu Christi hinein in den eschatologischen Wahrheitsraum des Vaters in der Vermittlung durch den Heiligen Geist im Raum der Geschichte.[16] Darum kann das Johannes-Evangelium bekennen: „Das aber ist das ewige Leben: dass sie dich, den einzigen wahren Gott erkennen, und den du gesandt hast, Jesus Christus" (Joh 17,3). Dementsprechend spricht der johanneische Christus: „Wenn ihr in meinem Wort bleibt, seid ihr wahrhaft meine Jünger. Dann werdet ihr die Wahrheit erkennen und die Wahrheit wird euch befreien" (Joh 8,31). Es zeigt sich: Auch im theologischen Glauben ereignet sich jenes Paradox einer dialogischen Wahrheitserkenntnis, wonach der Mensch sich immer auf andere Wahrheit überschreiten muss, um ihrer inne zu werden. So macht gerade der theologische Glaube eine Perspektivenveränderung in der Wahrheitserkenntnis überhaupt sichtbar. Aus dem „ich denke, also bin ich" des modernen Subjekts wird theologisch fundamental jenes „mir" und „mich", das sich immer schon von Gott her gedacht und zu sich selbst aufgerufen erfährt, um sich in seiner Wahrheit als dieses zur Gemeinschaft mit Gott eingeladene „Ich" zu vollenden. Ist nun die Wahrheitsrelation theologisch als „ich werde gedacht, also bin ich" – zu bestimmen, so bedeutet dies gerade nicht die Entfremdung des Menschen und seiner freien Vernunft durch Gott, sondern ihr Freigesetztwerden zu sich selbst gerade durch das Andere der Wahrheit Gottes, auf die hin sie geschaffen ist. Die nicht zu überspringende Voraussetzung dafür bleibt aber stets der initiale Glaube, in dem der Mensch sich in seiner eigenen Freiheit auf Gott öffnet und ihn in seiner Wahrheit anerkennt. Dieser Akt trägt eine innere Dynamik auf die Gottesliebe in sich. Insofern lässt sich sagen: „Der freie Liebesgehorsam ist der Punkt, an dem die Unvergleichbaren (nämlich der Mensch und Gott, H. St.) sich berühren, bis hinein in eine Identität. Vom Menschen her trägt dieser Liebesgehorsam den … Na-

---

16 In diesem Sinn kann man mit Gerhard Ebeling formulieren: „Das, was das Wort ‚Glaube' besagt, … entspricht so sehr dem, was Jesus in Person darstellt und wozu er gekommen ist, dass im Glaubensbegriff das Ganze der ntl. Verkündigung impliziert ist." Zit. n. Eberhard Jüngel, Art. Glaube IV. Systematisch-theologisch, RGG⁴ Bd 4, 972, Tübingen 2000.

men Glaube.“[17] Dieser Glaube, der in Christus zu einem neuen Sehen und Stehen in der Wahrheit führt, wird sakramental in der Taufe vermittelt. Er lässt sich darum auch als ein neues „Wissen aus der Taufe“[18] verstehen, das den Menschen im Leben mit Christus auch zu einem neuen Welt- und Selbstverstehen freisetzt und ermächtigt. Mit Henri de Lubac gilt darum: „Der Glaube führt uns über jede Theorie hinaus. Er lässt uns ihren Kreis durchbrechen. Er entführt uns aus der Enge unseres eigenen Geistes. Über alle erhabenen Vorstellungen von Gott hinaus lässt er uns *zu* Gott gelangen. Er macht uns ansässig im Sein. So vermag also er allein das allein Wichtige.“[19]

5. Glaube als Lebensform im Horizont der lebendigen Wahrheit Gottes

Weil der Glaube es mit dem lebendigen Gott zu tun hat, dessen Anruf den ganzen Menschen meint, kann das menschliche Subjekt der göttlichen Wahrheit des Glaubens nur innewerden, wenn es sich in Freiheit darauf einlässt. Anders gesagt: Die Wahrheit Gottes wird mir nur dann zu eigen, wenn ich sie in meinem eigenen Leben durchexperimentiere und sich dort bewähren lasse, um so im Glauben eine „neue Erfahrung mit meiner Erfahrung“[20] zu machen. Damit kann der Glaube sich nur plausibilisieren in einem Leben, das ganz aus dem Raum der Wahrheit Gottes zu leben beginnt. Dies ist nicht möglich ohne eine geistliche Aufmerksamkeit, die sich persönlich je und je neu für den Anspruch Gottes offenhält. Es muss darum bei allem unterstellten guten Willen als eine Schieflage der kirchlichen Katechese und Verkündigung der letzten Jahrhunderte kritisiert werden, wenn Glaube vorwiegend als ein theoretisches Wissen von Sätzen über Gott präsentiert und

---

[17] Hans Urs von Balthasar, Wer ist ein Christ?, Einsiedeln 1983, 64.

[18] Paolo G. Sottopieta, Wissen aus der Taufe. Die Aporien der neuzeitlichen Vernunft und der christliche Weg im Werk Joseph Ratzingers, Regensburg 2003 (Eichstätter Studien, Neue Folge 51).

[19] Henri de Lubac, Paradoxe des Glaubens, Düsseldorf 1950, 8.

[20] Jüngel, Art. Glaube IV(Anm. 16), 973.

weithin als reines Begriffswissen andoziert wurde. Auch wenn rechter Glaube auch das Wissen über Gott braucht, weil es um Wahrheit geht, so doch eben um die lebendige Wahrheit Gottes selbst. Diese ist die primäre Erfahrung eines vitalen Gottesglaubens, der erst dann zu entsprechenden sekundären Glaubenssätzen und einem entsprechenden Ethos gerinnt, aber nicht umgekehrt. Vielmehr kann ein Glaube hinsichtlich der dogmatischen und ethischen Lehrsätze völlig orthodox erscheinen und dabei doch alles andere sein als eine gelebte Gottesbeziehung. Hören wir noch einmal Henri de Lubac: „Glaube kann dem Nullpunkt zugehen … Indem er leer ist, sich veräußerlicht, gradweise vom Leben zum Konformismus sinkt, kann er auch leicht erstarren und den Anschein außerordentlicher Festigkeit erwecken. Die Rinde ist hart geworden, der Baum hohl."[21]

Nach meinem eigenen Dafürhalten ist es die entscheidende Option einer heutigen Pastoral, den Menschen wieder in eine gelebte Gottesbeziehung einzuführen, in der er sich im Glauben für die Wahrheit Gottes auftun und sie sich schenken lassen kann. Dazu braucht es v. a. praktische geistliche Wege, auf denen der Mensch die Vielstimmigkeit seiner Alltagswelt und die Verengungen seines eigenen Ich hinter sich lässt und sich – biblisch gesprochen – von Gott her bereiten und umkehren lässt für die Wahrheit, die an ihn ergeht als Ruf in sein Leben.[22] Wir brauchen also im Raum der Kirche dringend das Wiedererlernen einer geistlichen Kultur des innerlichen Hörens und Erfahrens, in dem der Mensch sich empfänglich macht für Gott und gerade zu einem neuen Sehen der Wirklichkeit mit den „Augen des Glaubens"[23] befähigt wird. In der christlichen Glaubenstradition lägen viele bewährte Möglichkeiten vor, die aber fast völlig vergessen sind. Sie müssten nur wiedererweckt und gepflegt werden. Dies geschieht bereits anfanghaft, etwa im kontemplativen Gebet, in geistlicher Schriftlesung in der Form der lectio divina und in Meditation und allen Übungen, in denen der Mensch sich selbst und sein eigenes Den-

[21] De Lubac, Paradoxe des Glaubens (Anm. 19), 10.
[22] Vgl. dazu Hans Urs von Balthasar, Christlicher Stand, Einsiedeln ^{2}1977
[23] Vgl. dazu: Paul. Rousselot, Die Augen des Glaubens, Einsiedeln 1967.

ken zunächst einmal ruhig- und beiseitezustellen lernt.[24] Dazu ein Weiteres: Sofern die Wahrheit Gottes, die sich mir im Glauben als meine Wahrheit zusagt, die ganze Wahrheit ist, kann auch mein Glauben nur dann ganz sein, sofern er diesen Wahrheitsanspruch Gottes insgesamt bejaht. Ein auswählender Glaube ist daher bereits ein Glaube, in dem das Ich beginnt, die Wahrheit Gottes unter das eigene Maß zu stellen; selektiver Glaube ist ein Glaube mit einer Tendenz zum Unglauben. Anders gesagt: Glaube in seiner Ausrichtung auf Gott als der Wahrheit schlechthin wird nur dort möglich, wo er gerade auch in seiner theologischen und kirchlichen Sperrigkeit angenommen und wo um ebendiese Wahrheit gerungen wird. In dieser Ganzheit wird der Glaube des Einzelnen am sichersten gehalten, wo er sich hineinstellt in die Communio der Glaubenden, die durch die Zeiten hindurch die Wahrheit des Glaubens für die Gegenwart verbürgt. Glaube, der sich auf die größere Wahrheit Gottes öffnet, ist darum immer auch kirchlicher Glaube, ein Glaube, der den Glauben der Kirche bejaht und aus ihm zu leben beginnt. Erst so kann der Einzelne zum authentischen Glaubenszeugen inmitten seiner eigenen Welt und Geschichte mit ihren konkret aufschlagenden Fragehorizonten werden. Dies erfordert notwendig eine Theologie und Kirche, die im Gespräch mit der jeweiligen Gegenwart bleibt und deren Anliegen in einer kritisch-solidarischen Zeitgenossenschaft begleitet, um sie für den je größeren Horizont der Wahrheit offen zu halten. Und dies bisweilen auch dadurch, dass sie widerständig auf den theologischen Mehrwert des Seins hinweist, der in Gott und seiner Logik der Liebe ihren ersten und letzten Grund findet.[25] Es steht zu hof-

---

24 Vgl. dazu auch Christoph Theobald, Hören, wer ich sein kann. Einübungen, Mainz ³2019, Thomas Keating, Das Gebet der Sammlung. Einführung und Begleitung des kontemplativen Gebetes, Münsterschwarzach ³2016, Gerhard Wehr, Christliche Mystiker. Von Paulus und Johannes bis Simon Weil und Dag Hammarskjöld, Regensburg, 2008.

25 An dieser Stelle ist es interessant festzustellen, dass gegenwärtig im Raum der deutschsprachigen Philosophie Versuche unternommen werden, eine rational verantwortbare Theologie zu formulieren, deren Axiomatik formal durchaus den Grundlinien des christlichen Glaubens entspricht. Vgl. dazu etwa Holm Tetens, Gott denken. Ein Versuch über rationale Theologie, Stuttgart ⁶2017.

fen, dass ein lebendiger Gottesglaube die gegenwärtig eindimensionale Vernunft wieder „zur Vernunft“ bringt, indem er sie auf die gesamte Reichweite ihrer Wahrnehmung öffnet, in der Gott als Grund und Ziel allen Seins aufscheint. Allein in diesem Horizont ist dem Menschen verbürgt, sich seinem endlichen Dasein anvertrauen zu können. Weil er mit seiner Welt nicht im Nebel eines haltlosen Nichts auf- und untergeht, sondern in seinem Leben auf jenem Fundament des Seins aufruht, das sich in Kreuz und Auferstehung Jesu Christi gezeigt hat als die göttliche Wahrheit der Liebe. Dies gilt umso mehr, als gegenwärtig ein deutliches Unbehagen an einer naturwissenschaftlich und technokratisch fragmentierten Wissenskultur spürbar ist. Diese leistet unbestritten sehr viel. Aber angesichts der letzten (und darin ersten) Fragen des Menschen muss diese Form von Vernunft verstummen. Letztlich bleibt dem Menschen dann nur noch ein abgeklärter Agnostizismus und zynischer Nihilismus, der die Gefahr der Abschaffung des Menschen bis hinein in sein integrales Personsein in sich birgt.[26]

---

26 Vgl. dazu C. S. Lewis, Die Abschaffung des Menschen, Einsiedeln ^{7}2012. Ebenso Henri de Lubac: Über Gott hinaus. Die Tragödie des atheistischen Humanismus, Einsiedeln 1984.

Johannes Brantl

Glaube und Bruder Zweifel
Überlegungen zu einem spannungsvollen Geschwisterverhältnis

1. Sympathische Zweifler

In dem beliebten bayerischen Bühnenstück „Der Brandner Kaspar und das ewig' Leben"[1] entwickelt sich zwischen dem Titelhelden und seinem metaphysischen Gesprächspartner das folgende Streitgespräch: „Es is an dem: I glaab dir nix. Die Drohung net und aa net des Versprechen von Seligkeit und Glück." – „Du glaabst mir nix?" – „Aber scho gar nix. Gell, da schaugst!" – „Ja, hör i denn recht? I bin gesandt vom Höchsten, und du glaabst mir nix?" – „Nix!" – „An dem Volksstamm kannst zerschellen!" Bekanntlich geht am Ende dann doch alles gut für den Brandner Kaspar aus, aber der „Boandlkramer" muss schon recht außergewöhnliche Maßnahmen ergreifen, bis der hartnäckige Zweifel dieses sympathischen bayerischen Schlitzohrs schließlich aus dem Weg geräumt ist.

Es wäre also durchaus möglich, dass der bajuwarische Volksstamm ebenfalls jene „Art anarchistisches Gen des Zweifels, der kritischen Auseinandersetzung"[2] in sich trägt, wie dies der im Jahr 2018 verstorbene Schriftsteller Amos Oz einst seinem eigenen jüdischen Volk attestiert hat. In jedem Fall aber sind es keineswegs die schlechtesten Vertreter des Menschengeschlechtes, deren Wesen ein gehöriges Maß an Zweifel kennt bzw. denen die Gewissheit über sich selbst, die anderen und erst recht über Gott einfach nicht zufallen will. Der britische Mathematiker, Philosoph und Literatur-Nobelpreisträger Bertrand Russell hat dies einmal in dem

---

1 Kurt Wilhelm, Der Brandner Kaspar und das ewig' Leben, Rosenheim 2017, 142.

2 Amos Oz, Die Kraft des Zweifels, in: HerKorr 71 (7/2017) 13–16, hier 13.

oft zitierten Bonmot auf den Punkt gebracht, dass die Dummen meistens so sicher und die Gescheiten so voller Zweifel seien.[3]

Allerdings wäre es eine deutliche Verharmlosung, wenn man das Phänomen des Zweifels lediglich als Erscheinungsmerkmal eines kritischen Geistes oder eines wachen Verstandes ausweisen möchte. Denn in ihrer Tiefendimension berühren Zweifel – zumal jene, die unmittelbar mit der Gottesfrage verbunden sind – die Mitte unserer menschlichen Existenz. Und hier zeigt sich oft in aller Schärfe, dass das Zweifeln sehr viel mehr ist als eine intellektuelle Methode zur Analyse der Wahrheit. Das, was Philosophie und Theologie „existenzielle Zweifel“ nennen, stellt eine echte menschliche und geistliche Herausforderung dar. Ihre Erfahrung lehrt nämlich, dass einen Zweifel in manchen Fällen nicht nur leise beschleichen, sondern ganz massiv befallen und quälen können.

Beeindruckende Selbstzeugnisse für derart „existenzielle Zweifel“ gibt es zahlreiche, und ganz offensichtlich sind immer wieder auch große Gestalten des Glaubens von ihnen betroffen. Als ein prominentes Beispiel der jüngsten Zeit kann Mutter Teresa von Kalkutta betrachtet werden. Anrührend, bisweilen erschütternd zu lesen sind ihre sehr persönlichen Aufzeichnungen aus verschiedenen Exerzitien und lebenslanger geistlicher Begleitung, die 2007, zehn Jahre nach ihrem Tod, veröffentlicht wurden. Darin wird deutlich, dass ausgerechnet diese Frau, die nach außen hin stets wie ein Musterbeispiel unangefochtener Glaubensstärke wirkte, in ihrem Inneren nahezu fünf Jahrzehnte hindurch immer wieder mit den heftigsten Zweifeln zu kämpfen hatte.

In einem vom 3. September 1959 datierenden Brief, den ihr der Beichtvater zu schreiben empfohlen hatte, heißt es etwa: „In meiner Seele fühle ich (eben) diesen furchtbaren Schmerz des Verlustes – dass Gott mich nicht will – dass Gott nicht Gott ist – dass Gott nicht wirklich existiert. [...] Ich spreche von Liebe zu den Seelen – von zärtlicher Liebe zu Gott – Worte gehen durch meine

---

3 Bertrand Russell, The Triumph of Stupidity, in: Ders., Mortals and Others. Volume II. American Essays 1931–1935. Edited, with notes, by Harry Ruja, London – New York 1998, 27–28, hier 28: „The fundamental cause of the trouble is that in the modern world the stupid are cocksure while the intelligent are full of doubt.”

Worte [*sic!* Lippen] hindurch – und ich sehne mich mit einem tiefen Verlangen danach, an sie zu glauben. – Wofür arbeite ich? Wenn es keinen Gott gibt – kann es auch keine Seele geben. […] Der Himmel, welch Leere – kein einziger Gedanke an den Himmel dringt in meinen Geist ein – denn dort ist keine Hoffnung. – Ich fürchte mich, all diese schrecklichen Dinge aufzuschreiben, die meine Seele durchstreifen."[4]

Nicht wenige werden mit Blick auf diese Sätze von Mutter Teresa wohl Sympathie empfinden können, denn die Offenheit, mit der hier eine Heilige der Kirche über die Dunkelheit ihres existenziellen Zweifels spricht, nötigt nicht nur Respekt, sondern im wahrsten Sinne des Wortes „Sym-pathie", das heißt „Mit-Gefühl" bzw. „Mit-Leid", ab. Man kann schließlich nur erahnen, wie viel Kraft und Disziplin es tagtäglich über Jahrzehnte hinweg gekostet haben muss, wenn diese bemerkenswerte Frau auf der einen Seite immer wieder andere zum christlichen Glauben ermutigt hat und auf der anderen Seite im persönlichen geistlichen Leben sich oft so leer, so ohne Sinn und Trost gefühlt hat.

Faszinierend ist das Beispiel von Mutter Teresa aber auch deshalb, weil darin aufscheint, dass das Reich Gottes eben nicht nur von Menschen lebt, die das Ideal einer möglichst zweifelsfreien Glaubensstärke erfüllen. Auch ein Leben mit dem Zweifel, ein Aushalten des Zweifels und eine Koexistenz zwischen dem Glauben und seinem Bruder Zweifel[5] können eine große Fruchtbarkeit und Strahlkraft entfalten.

---

4 Mutter Teresa von Kalkutta, Komm, sei mein Licht! Die geheimen Aufzeichnungen der Heiligen von Kalkutta. Herausgegeben und kommentiert von Brian Kolodiejchuk. Übersetzt von Kathrin Krips-Schmidt, München 2007, 225 f.

5 Vgl. Tomáš Halík, Glaube und sein Bruder Zweifel. Aus dem Tschechischen von Markéta Barth unter Mitarbeit von Benedikt Barth, Freiburg – Basel – Wien 2017.

2. Schatten des Zweifels im Licht des Glaubens

Die soeben skizzierte Koexistenz zwischen dem Glauben und seinem Bruder Zweifel kann nun allerdings auch als ein durchaus vielschichtiges, mitunter kompliziertes, Geschwisterverhältnis betrachtet werden. Viele werden wohl in erster Linie das Konkurrenzverhältnis zwischen diesen beiden Größen sehen und hervorheben, dass der Glaube vom Zweifel beständig infrage gestellt oder gar bedroht wird, bis es dann im günstigen Fall endlich gelingt, die Zweifel niederzuringen und die Gewissheit im Glauben zu stärken. Aus der Perspektive der Glaubenden bleibt es daher beim Ideal der möglichst unerschütterlichen Glaubensfestigkeit mit einem Minimum an Unsicherheit und Zweifel; denn: je mehr Zweifel, desto weniger Glaube – und umgekehrt: je mehr Glaube, desto weniger Zweifel.

Manche allerdings vertreten den Standpunkt, dass der Zweifel weniger einen bösen Konkurrenten, sondern vielmehr eine Art besänftigendes Korrektiv für den allzu sicheren Glauben darstellt, der leicht Gefahr läuft, intolerant, fanatisch oder gar gewaltbereit zu werden.[6] Dem Zweifel kommt mithin eine positive und notwendige Funktion zu, insofern er ein Ausdruck von Selbstbescheidung ist, die Grenzen des eigenen Erkennens und Wissens eingesteht sowie die Chance zum beständigen Wachsen und Reifen bietet.

Unabhängig davon, wie man letztlich die Verhältnisbestimmung von Glaube und Zweifel vornimmt, so ist dabei doch die Frage, was man überhaupt unter „Glauben" versteht, von zentraler Bedeutung. Und von der Antwort auf diese Frage ausgehend zeigt sich, „dass der Zweifel als Spiegelbild des jeweiligen Glaubensverständnisses auftritt"[7]. An zwei verschiedenen Akzenten im Glaubensverständnis soll dieser Zusammenhang kurz verdeutlicht werden.

---

6 Vgl. u. a. Peter L. Berger / Anton Zijderveld, Lob des Zweifels. Was ein überzeugender Glaube braucht. Aus dem Amerikanischen von Bernardin Schellenberger, Freiburg i. Br. 2010.

7 Veronika Hoffmann, Einleitung, in: Dies. (Hg.), Nachdenken über den Zweifel. Theologische Perspektiven, Ostfildern 2017, 7–20, hier 14.

2.1. Glaube als Gewissheit und die Sünde des Zweifels

Der 8. Dezember 2019 markierte genau 150 Jahre, die seit der Einberufung des I. Vatikanischen Konzils (8. 12. 1869 bis 20. 10. 1870) durch Papst Pius IX. vergangen sind. Bekannt ist dieses Konzil vor allem wegen seiner Entscheidung zum Primat und zur Unfehlbarkeit des Papstes[8], aber bevor es sich mit diesen Themen befasste hat, verabschiedete das Konzil auch eine Dogmatische Konstitution mit dem Titel „Dei Filius"[9] über den Begriff und das Wesen des katholischen Glaubens. Darin wird der Glaube als eine übernatürliche Tugend vor Augen gestellt, durch die der Mensch mit Hilfe der Gnade Gottes glaubt, dass alles, was Gott geoffenbart hat, wahr ist. Und mit Verweis auf den Hebräerbrief heißt es: „‚Der Glaube ist nämlich' nach dem Zeugnis des Apostels ‚die Gewissheit zu erhoffender Dinge, der Beweis des nicht Sichtbaren' (Hebr 11,1)."[10]

Drei Elemente sind von entscheidender Bedeutung dafür, dass ein Mensch zur Gewissheit des Glaubens gelangen kann: erstens die Einsicht des Verstandes in die Wahrheit des christlichen Glaubens, zweitens die willentliche Zustimmung zu den geoffenbarten Wahrheiten und drittens das Wirken der göttlichen Gnade.[11]

Der Akzent liegt – so hat es der Fundamentaltheologe Josef Schmitz einmal formuliert – „auf dem kognitiven Aspekt der Selbsterschließung Gottes, auf dem Wortgeschehen, das den transzendenten Gott und die übernatürlichen Mysterien unserem Erkennen erschließt, auf der Wahrheitsmitteilung, auf der Offenbarung der Lehre, die als solche ganz und gar von Gott getragen ist."[12]

---

8 Vgl. Dogmatische Konstitution „Pastor aeternus" über die Kirche Christi (18.07.1870); DH 3050–3075.

9 Dogmatische Konstitution „Dei Filius" über den katholischen Glauben (24.04.1870); DH 3000–3045.

10 DH 3008.

11 Vgl. Josef Schmitz, Das Christentum als Offenbarungsreligion im kirchlichen Bekenntnis, in: Walter Kern / Hermann J. Pottmeyer / Max Seckler (Hg.), Handbuch der Fundamentaltheologie. Bd. 2: Traktat Offenbarung, Freiburg i. Br. 1985, 15–28, bes. 19–22.

12 Vgl. ebd., 21.

Sobald nun aber ein Mensch die Wahrheit des christlichen Glaubens durch das Wirken der Gnade Gottes erkannt und ihr aus freien Stücken zugestimmt hat, erscheint es im Rahmen dieser Auffassung des Glaubens als Glaubensgewissheit kaum vorstellbar, dass der Glaube auch wieder schwinden oder gar ganz verloren gehen könnte. Allenfalls Menschen, die im Unglauben erzogen worden sind, und Personen, die sich noch im Stadium des ehrlichen Suchens hin zur Wahrheit des Glaubens bewegen, ist es zuzubilligen, dass sie ohne persönliche Schuld Glaubenszweifel haben. Für alle anderen ist der Glaubenszweifel jedoch sündhaft. So schreibt der Moraltheologe Bernhard Häring etwa in seinem vor dem II. Vatikanischen Konzil verfassten Werk „Das Gesetz Christi“, dass „nach der Lehre des ersten Konzils vom Vatikan ein im Glauben unterrichteter Katholik nicht ohne schwere Sünde in den Zustand dieses Zweifels kommen kann bezüglich einer Wahrheit, von der er weiß, dass sie vom unfehlbaren Lehramt der Kirche zum Glauben vorgelegt ist.“[13]

Zwar weisen geistliche Denker wie z. B. Romano Guardini durchaus darauf hin, dass es das Phänomen der Glaubenskrisen gibt und die sich dabei manifestierenden existenziellen Zweifel eine wirkliche Bedrängnis sind bzw. weit mehr als „einfache Unsicherheiten des Verstandes“[14] darstellen. In der moralischen Bewertung der Glaubenskrisen legt allerdings auch Guardini einen deutlichen Akzent auf die menschliche Schuld, indem er auf den inneren Zweispalt im Verhältnis des Menschen zu Gott verweist: „In ihm (= im Menschen) ist die Sehnsucht nach Gott, das Verlangen nach seiner heiligen Wirklichkeit – zugleich aber auch die Abneigung, das Misstrauen, die Gereiztheit, die Revolte. Das ist es, was dem Glaubenszweifel seine letzte und eigentliche Gefährlichkeit gibt. Dessen innerster Antrieb ist die Feindseligkeit gegen Gott. Das müssen wir wissen.“[15]

---

13 Bernhard Häring, Das Gesetz Christi. II. Bd.: Leben in der Gemeinschaft mit Gott und dem Nächsten, Freiburg i. Br. 1954/^{7}1963, 86.

14 Romano Guardini, Glaubensgeschichte und Glaubenszweifel, Würzburg 1939; neu abgedruckt in: Ders., Glaubenserkenntnis. Versuche zur Unterscheidung und Vertiefung, Freiburg i. Br. 1983, 108–126, hier 115.

15 Ebd., 116.

2.2. Glaube als personal-dialogisches Geschehen und der „Segen des Zweifels"[16]

Das Ideal eines gewissen Glaubens und die Bewertung des Zweifels als Gefahr und Sünde erscheinen vielen Menschen heute als fraglich. Es gelten bei Weitem nicht mehr nur jene Menschen als vorbildhaft, die immerzu fest im Glauben stehen und sich durch nichts und niemanden in ihren Überzeugungen erschüttern lassen. Den Boden für diesen Perspektivwechsel hat die theologische Einsicht bereitet, dass es beim Glauben nicht zuerst um die freie Zustimmung zu einer als wahr erkannten Lehre, sondern vorrangig um ein personales Geschehen geht, um eine unmittelbar persönliche Antwort von uns Menschen auf die Liebe Gottes, der sich uns als Du mitteilt und doch zugleich ein unergründliches Geheimnis bleibt.

Das II. Vatikanische Konzil hat dieses personale Geschehen folgendermaßen in der Dogmatischen Konstitution „Dei Verbum" über die christliche Offenbarung formuliert: „Es hat Gott in seiner Güte und Weisheit gefallen, sich selbst zu offenbaren und das Geheimnis seines Willens bekannt zu machen (vgl. Eph 1,9), dass die Menschen durch Christus, das Fleisch gewordene Wort, im Heiligen Geist Zugang zum Vater haben und der göttlichen Natur teilhaftig werden (vgl. Eph 2,18; 2 Petr 1,4). In dieser Offenbarung redet also der unsichtbare Gott (vgl. Kol 1,15; 1 Tim 1,17) aus dem Übermaß seiner Liebe die Menschen wie Freunde an (vgl. Ex 33,11; Joh 15,14f) und verkehrt mit ihnen (vgl. Bar 3,38), um sie in die Gemeinschaft mit sich einzuladen und in sie aufzunehmen."[17]

Bereits auf der Ebene der zwischenmenschlichen Begegnung lässt sich allerdings erfahren, dass die Interaktion zwischen zwei Personen ein sehr vielschichtiges, wechselvolles und dynamisches Geschehen darstellt. Das Wort Person – abgeleitet vom lat. Begriff „persona" (Maske des Schauspielers) bzw. vom Verb „personare"

---

[16] Joachim Reger, Vom Segen des Zweifels. Über die Notwendigkeit der Religionskritik, in: KlBl 89 (2009) 192–195.

[17] Dogmatische Konstitution „Dei Verbum" über die göttliche Offenbarung (18.11.1965); DH 4201–4235, hier DH 4202.

(durch etwas hindurch ertönen, d. h. beim Theaterspiel durch den Mund der Maske sprechen)[18] – weist dabei unmittelbar darauf hin, dass sich das Wesen der Beteiligten einerseits in der Kommunikation zwar enthüllt, aber andererseits doch auch immer noch eine gewisse Verborgenheit voreinander bleibt. Keiner kennt sich selbst – und schon gar nicht den Anderen – bis in jede Wirklichkeit und Möglichkeit des Denkens, Wollens und Fühlens, gleichsam bis in die letzte Faser des Herzens, hinein.

Der Mensch und besonders Gott lassen sich nicht auf ein bestimmtes Bild reduzieren oder festlegen. Deshalb wird bereits im Alten Testament mit Nachdruck davor gewarnt, sich ein unverrückbares Gottesbild zu machen (vgl. Ex 20,4), denn Gott ist eher mit der lebendigen, flüchtigen, nicht zu fassenden Erscheinung einer Wolke, des Feuers oder des Windes zu vergleichen (vgl. Ex 3,2; 13,21; 34,5; 1 Kön 19,11f). Und auch in der Person Jesu Christi, in der sich Gott auf einmalige, nicht mehr zu überbietende Art und Weise den Menschen mitgeteilt hat, bleibt letztlich das Geheimnis Gottes gewahrt, weil dieser Gott gerade nicht in der nach menschlichen Maßstäben zu erwartenden Dominanz und Größe, sondern in der Niedrigkeit von Krippe und Kreuz begegnet.

Für den glaubenden Menschen geht es somit darum, dass er sich immer wieder und immer mehr dem Geheimnis Gottes gegenüber öffnet, dass er ein ganzes Leben lang die Spannung aushält, welche in dieser dynamischen Beziehung aus Nähe und Distanz, aus Klarheit und Mehrdeutigkeit, aus Enthüllung und Verhüllung besteht. In diesem Zusammenhang darf der Glaubenszweifel dann allerdings nicht nur den Charakter von Frevel oder Sünde haben; vielmehr kann er sich auch als eine konstruktive Größe, vielleicht sogar als ein Segen erweisen, insofern dem Menschen gerade durch ihn vermittelt wird, dass Gott immer größer ist, als wir es je begreifen oder fassen können.[19]

Ähnlich beschreibt auch Joseph Ratzinger / Papst Benedikt XVI. in seinem vor über fünfzig Jahren verfassten theologischen Best-

---

[18] Vgl. Manfred Fuhrmann, Art. Person. I. Von der Antike bis zum Mittelalter. 1. Etymologie, in: HWP 7, 269.

[19] Vgl. Reger, Vom Segen des Zweifels (Anm. 16), 195.

seller „Einführung in das Christentum“[20] das Wechselverhältnis zwischen Glaube und Zweifel in der „Situation des Menschen vor der Gottesfrage“[21]. Seiner Auffassung nach gehören Glaube und Zweifel unausweichlich zur Grundgestalt menschlichen Daseins. Womöglich ist es gar der Zweifel selbst, dem dabei eine kommunikativ-vermittelnde Funktion zukommt – zwischen jenen, die sich zum Glauben an Gott bekennen, und jenen, die sich als ungläubig bezeichnen. Denn der Zweifel an der je eigenen Position hindert sowohl den Glaubenden als auch den Nicht-Glaubenden daran, sich völlig in die eigenen Plausibilitäten zurückzuziehen und in eine ideologische Erstarrung zu verfallen. Joseph Ratzinger / Papst Benedikt XVI. formuliert in diesem Kontext: „Niemand kann dem anderen Gott und sein Reich auf den Tisch legen, auch der Glaubende sich selbst nicht. Aber wie sehr sich auch der Unglaube dadurch gerechtfertigt fühlen mag, es bleibt ihm die Unheimlichkeit des ‚Vielleicht ist es doch wahr‘. Das ‚Vielleicht‘ ist die unentrinnbare Anfechtung, der er sich nicht entziehen kann, in der auch er in der Abweisung die Unabweisbarkeit des Glaubens erfahren muss. Anders ausgedrückt: Der Glaubende wie der Ungläubige haben, jeder auf seine Weise, am Zweifel und am Glauben Anteil, wenn sie sich nicht vor sich selbst verbergen und vor der Wahrheit ihres Seins. Keiner kann dem Zweifel ganz, keiner dem Glauben ganz entrinnen.“[22]

3. Jesus-Jünger: Im Freiraum von Glaube und Zweifel

Die bisherigen Ausführungen legen die Auffassung nahe, dass die Fragen bezüglich Zweifel und Glaube bzw. Wahrheit weitgehend Beziehungsfragen sind. Denn ganz gleich, ob jemand mit Zweifeln über sich selbst, die anderen, die Welt insgesamt oder über Gott behaftet ist – in der einen oder anderen Weise geht es dabei doch

---

[20] Joseph Ratzinger, Einführung in das Christentum. Vorlesungen über das Apostolische Glaubensbekenntnis, München 1968.

[21] Ebd., 17.

[22] Ebd., 23 f.

stets um die Frage, ob überhaupt etwas oder jemand verlässlich, vertrauenswürdig oder sinnstiftend ist.[23]

Freilich ist dabei zu betonen, dass die Art und Weise, wie wir im zwischenmenschlichen Bereich den Eltern, Kindern, Lehrern, Wissenschaftlern, Journalisten, Politikern usw. etwas „glauben", nicht auf eine Ebene gestellt werden kann mit der Art und Weise, wie wir in religiöser Perspektive an Gott als den Grund und das Ziel unseres Daseins, den Sinn und die Wahrheit schlechthin, glauben.

Aber gerade weil der Glaube an Gott eine derart existenzielle Tiefe hat, dass er uns als Person ganz und gar betrifft, erscheint es umso wichtiger, die Verlässlichkeit und Vertrauenswürdigkeit dieser Beziehung immer wieder neu in den Blick zu nehmen. Dass dies eine lebenslange Herausforderung darstellt, die unmittelbar mit der menschlichen Freiheit verbunden ist, hat der tschechische Religionsphilosoph und geistliche Schriftsteller Tomáš Halík folgendermaßen zum Ausdruck gebracht: „Gott schenkte uns diese Welt und dieses Leben als ein kompliziertes und nicht eindeutiges, Gott lässt die Geschichte als einen vielfarbigen Strom des Guten und Bösen, der Freude und des Leids strömen, Gott legte auch in die heiligen Schriften Paradoxa und Rätsel – warum das alles? Allem Anschein nach wollte er einen freien Raum für den Glauben und für den Zweifel bewahren, für ihre gegenseitigen Begegnungen und ihr Ringen. In diesem Gegenüber von Glaube und Zweifel reift so die unruhige Freiheit des menschlichen Herzens, während wir auf dem Weg bis an die Tore der Ewigkeit sind."[24]

Beispielhaft ist dieses Zusammenspiel von Glaube und Zweifel bereits bei vielen biblischen Gestalten des Alten Testamentes zu erkennen, wie etwa bei Mose, den Propheten Elija, Jona und Jeremia oder auch bei Ijob. Doch ist es in besonderer Weise das Neue Testament, welches den Freiraum von Glaube und Zweifel als das wesentliche Merkmal der Jüngerbiografie vor Augen führt.[25] Als

---

23 Vgl. Berger/Zijderveld, Lob des Zweifels (Anm. 6), 119.

24 Halík, Glaube und sein Bruder Zweifel (Anm. 5), 51.

25 Vgl. Hans-Georg Gradl, Glaubwürdiger Zweifel. Neutestamentliche Portraits, in: Ders. / Mirijam Schaeidt / Johannes Schelhas / Werner Schüßler, Glaube und Zweifel. Das Dilemma des Menschseins, Würzburg 2016, 55–93.

prominentestes Beispiel mag in dieser Hinsicht wohl der Apostel Thomas im Johannes-Evangelium gelten. Und obwohl in dieser berühmten Ostererzählung das Wort „Zweifel“ selbst keine Erwähnung findet, geht es doch genau darum: um die Frage nach der Authentizität und Zuverlässigkeit der Erfahrungen mit dem auferstandenen Christus.

Interessanterweise ist es aber vor allem das Matthäus-Evangelium, in dem besonders deutlich die komplexe Mischung aus Vertrauen und Unsicherheit, aus Glaube und Zweifel, als eine grundlegende Signatur der christlichen Existenz hervorgehoben wird.[26] An zwei Stellen findet sich dort – und nur dort im gesamten Neuen Testament – der klassische griechische Begriff für „zweifeln“ (διστάζειν), durch den zum Ausdruck gebracht wird, dass jemand von zwei Sichtweisen in Beschlag genommen ist und sich im Zwiespalt, in einem inneren Hin- und Hergerissensein[27] befindet.

Im Folgenden sollen diese beiden Stellen im Matthäus-Evangelium näher betrachtet werden, da sie unmittelbar eine Brücke zur geistlichen Situation und Herausforderung der Jesus-Jünger gerade auch in der heutigen Zeit schlagen können.

3.1. Zweifel auf dem gewagten Gang über das Wasser (Mt 14,22–33)

Von Goethe heißt es, dass er die biblische Erzählung vom Seewandel des Apostels Petrus besonders geschätzt habe, weil in ihr verdeutlicht wird, wie der Mensch mutig glaubend in den schwierigsten Unternehmungen erfolgreich sein kann, hingegen schon beim Anflug des geringsten Zweifels schnell verloren ist.[28]

---

26 Vgl. Ulrich Luz, Das Evangelium nach Matthäus. Mt 8–17 (EKK I/2), Neukirchen-Vluyn 1990, 410.

27 Vgl. Franz Georg Untergaßmair, Art. Zweifel, in: NBL 3, 1230–1231, hier 1231.

28 Vgl. Johann Peter Eckermann, Gespräche mit Goethe in den letzten Jahren seines Lebens. Herausgegeben von Fritz Bergemann, Baden-Baden 1981, 416.

In der Tat ist die Dramatik dieser Szene, die der Evangelist Matthäus etwa in der Mitte seines Evangeliums platziert hat, faszinierend. Zunächst sehen die Jünger eine Gestalt über das Wasser auf sich zukommen und sie vergehen fast vor Angst, weil sie das Ganze für einen unheimlichen Spuk halten. Vor allem aber ist insgesamt die Situation für die Jesus-Jünger bedrohlich: Der Sturm peitscht die Wellen des Sees auf, und ihr Boot ist weit vom Ufer entfernt. In dieser überaus misslichen Lage ist es Jesus, der mit den klaren Worten „Habt Vertrauen, ich bin es; fürchtet euch nicht!“ (Mt 14,27) die Panik der Jünger beruhigt. Genau diese Selbstoffenbarung Jesu greift nun seinerseits Petrus auf und formuliert einen Bedingungssatz: „Herr, wenn du es bist, so befiehl, dass ich auf dem Wasser zu dir komme“ (Mt 14,28).

Er ist sich also wohl dessen bewusst, dass das Gehen auf dem Wasser ein göttliches Privileg ist, das dem Menschen nur zukommt, wenn ihm von Gott selbst diese Fähigkeit verliehen wird.[29] Erst auf die Aufforderung Jesu hin steigt Petrus deshalb aus dem Boot, findet tatsächlich Halt auf dem unruhigen Wasser und geht auf seinen Meister zu. Über alle Bodenlosigkeit und Abgründigkeit hinweg trägt ihn seine Orientierung auf Jesus hin, bis er es schließlich doch mit der Angst vor dem Sturm und vielleicht auch vor der eigenen Courage zu tun bekommt.

Wörtlich steht es im griechischen Text, dass Petrus den starken Wind „sieht“ (βλέπων δὲ τὸν ἄνεμον [ἰσχυρὸν]), das heißt, dass er nicht mehr den Blick auf Jesus gerichtet hat, sondern nur noch die Gefahr sieht, in der er sich mitten auf dem stürmischen See befindet. So mutig er zunächst als Glaubender die eigenen Grenzen überschritten hat, so hilflos erfährt er sich doch in dem Moment, in dem er Jesus, sein Ziel, aus den Augen verliert.

Wahrscheinlich kann jeder einzelne Christ und vielleicht sogar die größere kirchliche Gemeinschaft in dieser Situation des Petrus sich selbst erkennen und im starken Wind das erahnen, was ihn bzw. sie bedroht: nämlich Krankheit, Tod, Schuld, Ablehnung, Gleichgültigkeit, Lüge, Spaltung und vieles andere mehr. Man kann den Zweifel des Petrus mit- und nachvollziehen, der sich ein-

---

[29] Vgl. Matthias Konradt, Das Evangelium nach Matthäus (NTD – Neubearbeitungen 1), Göttingen 2015, 237.

stellt, wenn einem alles zu viel, übermächtig zu werden scheint, wenn die Wahrnehmung nur noch auf das gefürchtete Verhängnis und nicht mehr auf die erhoffte Verheißung gerichtet ist.

Entscheidend bleibt in dieser biblischen Erzählung vom Seewandel des Petrus allerdings, dass, noch bevor der Jünger seinen verzweifelten Hilferuf „Herr, rette mich!“ (Mt 14,30) absetzt, Jesus seine helfende Hand schon ausgestreckt hat und sofort den gläubig-zweifelnden Petrus ergreift. Dahinter steht die zentrale Botschaft, dass Jesus gerade auch diejenigen rettet, die im Glauben an ihn zweifeln. Der Trierer Neutestamentler Hans-Georg Gradl weist in diesem Zusammenhang ausdrücklich darauf hin, dass der Zweifel – auch wenn man ihn subjektiv so empfinden mag – kein Ort der Gottesferne ist, und er schreibt: „Mitten im Zweifel stößt Petrus die Bitte um Rettung aus. Die tatkräftige Hand Jesu ist sofort da. Eigentlich kommen sich Petrus und Jesus, der Jünger und der Herr, in der gesamten Erzählung nie mehr so nah. Sollte der Zweifel auch ein besonders privilegierter Ort der Gotteserfahrung sein? Zumindest das lässt sich doch wohl sagen: Petrus mag zweifeln, aber Jesus lässt ihn nicht untergehen.“[30]

3.2. Zweifel, der die Jesus-Jünger verbindet (Mt 28,16–20)

Die zweite Stelle, an der im Neuen Testament noch einmal der klassische griechische Begriff für „zweifeln“ (διστάζειν) fällt, ist die Schlussszene des Matthäus-Evangeliums. Der auferstandene Christus offenbart sich den Jüngern in Galiläa auf einem Berg als der von Gott mit aller Macht ausgestattete Weltenherr, und er sendet seine Jünger aus, allen Völkern das Evangelium zu verkünden und sie auf den Namen des dreifaltigen Gottes zu taufen. Erstaunlich ist in diesem Zusammenhang allerdings, wie die Reaktion der Jünger beschrieben wird: Sie fallen nieder, als sie den auferstandenen Herrn sehen, und beten ihn an. Dies mag zunächst nicht weiter überraschen; allerdings steht noch im selben Vers, dass sie ebenso zweifeln.

30 Gradl, Glaubwürdiger Zweifel (Anm. 25), 67 f.

In vielen deutschen Übersetzungen heißt es: „Und als sie Jesus sahen, fielen sie vor ihm nieder, einige aber hatten Zweifel“ (Mt 28,17; Einheitsübersetzung). Der Münchner Neutestamentler Knut Backhaus hält diese Übersetzung bzw. die Beschränkung des Zweifels auf „einige“ aus dem Kreis der Jünger jedoch für irreführend: „Der Nachsatz ist keineswegs partitiv im Sinne einer Spaltung innerhalb der Jüngergemeinschaft zu lesen (‚einige aber zweifelten‘), sondern bezeichnet einen Zwiespalt der Jünger selbst: die ὀλιγοπιστία (vgl. bes. 14,31).“[31]

Der „Kleinglaube“, d. h. diese eigentümliche Mischung aus Vertrauen in das machtvolle Wirken Gottes auf der einen Seite und ängstlich-zweifelnder Verzagtheit auf der anderen Seite, ist offenbar keine nur einige schwache Gemüter in den Reihen der Jünger betreffende Ausnahme, sondern wohl eher der Regelfall dessen, der sich auf den Weg der Nachfolge Jesu einlässt. Immer wieder tun sich auf diesem Weg die Schlaglöcher und Stolpersteine, vielleicht sogar noch dramatischer die Krater und Felsblöcke des Zweifels auf: Haben nicht doch die anderen recht, denen die Entwicklung des christlichen Glaubens und der Kirche in den letzten 2000 Jahren weit mehr als eine Kriminalgeschichte denn als Gotteswerk vorkommt? Spricht nicht doch der nüchterne, aufgeklärte Blick auf die Natur und die Welt eher dafür, dass letztlich nur die Gene überleben, dass die Vernichtung von so viel Leben im großen Räderwerk der Evolution eine Tatsache ohne tieferen Sinn darstellt? Ist nicht doch die Hoffnung auf ein ewiges Leben und die Auferstehung der Toten nur ein Wunschtraum; ist Gott selbst womöglich nichts anderes als die Projektion unserer menschlichen Phantasie oder Angst?

Wenn der Evangelist Matthäus so ausdrücklich am Schluss seines Evangeliums betont, dass die Jünger trotz aller umstürzenden und ein völlig neues Licht auf alles werfenden Begegnungen mit dem Auferstandenen gleichwohl zweifelnd Glaubende bleiben, dann schafft er damit im Grunde eine solidarische Verbindung zwischen allen Jesus-Jüngern über jede zeitliche Distanz hinweg.

---

31 Knut Backhaus, Religion als Reise. Intertextuelle Lektüren in Antike und Christentum (Tria Corda 8), Tübingen 2014, 112 f.; zitiert nach: Gradl, Glaubwürdiger Zweifel (Anm. 25), 71.

Schon die unmittelbar von Jesus mit der Verkündigung des Evangeliums beauftragten Apostel waren keine Musterschüler, denn der Zweifel gehört zu ihrem Leben und Glauben dazu. Und Jesus sendet sie als seine bevollmächtigten Zeugen auch nicht erst aus, wenn sie endgültig alle Zweifel überwunden haben und völlig Überzeugte sind. Der Zweifel schließt also damals wie heute keineswegs von der Jüngerschaft Jesu aus; ganz im Gegenteil: Er scheint geradezu eine wichtige Erfahrung zu sein, die den Weg eines Jüngers eher fördert als beendet.[32]

Womöglich sind es gerade die Zweifel und Unsicherheiten, die uns Menschen davor bewahren, in der Weitergabe des Glaubens und in den Ansprüchen an ein christliches Leben unerbittlich hart, kalt und selbstgerecht zu werden. Hochmütige und Fanatiker kennen keine Zweifel – das ist es, was sie so unsympathisch und gefährlich macht. Auf diesen Umstand verweist auch Tomáš Halík, wenn er schreibt: „Ja, ich fürchte und meide die ‚Unerschütterlichen', weil ich spüre, wie von ihnen eine Kühle des Todes und eine Feindschaft zum Leben, zu seiner Beweglichkeit, Wärme und Vielfalt ausgeht. Ich meide sie, weil ich der zur Schau gestellten Festigkeit ihres Glaubens einfach nicht trauen kann."[33]

4. Glaubenstreue und Gewissenszweifel

Aus theologisch-ethischer Perspektive eng verbunden mit dem Thema „Glaube und Zweifel" ist das Phänomen des sogenannten „zweifelnden Gewissens". Denn das Gewissen stellt aus theologischer Sicht unmittelbar einen Bezug zwischen Gott und Mensch, zwischen Glauben und Leben her, insofern es sich hierbei um jene Instanz handelt, mit deren Hilfe wir Menschen erkennen und entscheiden, was mit unserem Leben geschieht und wer wir als Person vor den Augen Gottes eigentlich sein wollen. Die ganze Tragweite und auch den Ernst der persönlichen Gewissensentscheidung für den Glaubensweg jedes einzelnen Menschen hat der bereits zitierte Bernhard Häring in seinem zweiten großen moral-

---

32 Vgl. Gradl, Glaubwürdiger Zweifel (Anm. 25), 89.

33 Halík, Glaube und sein Bruder Zweifel (Anm. 5), 53 f.

theologischen Werk „Frei in Christus“[34], das nach dem II. Vatikanischen Konzil erschienen ist, folgendermaßen formuliert: „Ob jemand zum vollen Glauben kommt und treu in ihm beharrt, hat alles zu tun mit der Treue gegen das eigene Gewissen. ‚Schiffbruch im Glauben‘ ist Folge der Untreue gegenüber dem eigenen Gewissen. In einem ehrlichen und treuen Gewissen ist das Geheimnis des Glaubens wohl bewahrt (1 Tim 3,9).“[35]

Häufig ist gerade heutzutage die Rede von Gewissen und Freiheit. Menschen sollen keine sturen Befehlsempfänger ihrer Mitmenschen, keine unkritischen Mitläufer oder manipulierten Massen sein. Sie müssen sich um ihrer eigenen Würde willen eine Eigenständigkeit im moralischen Entscheiden und Handeln bewahren, weil Gott jeden einzelnen Menschen ganz persönlich ruft und zur qualifizierten Antwort auf diesen Ruf befähigt.

Nimmt man diesen herausragenden Stellenwert des Gewissens und seiner Freiheit wirklich ernst, dann ist damit freilich kein geringer Anspruch verbunden. Denn die Berufung auf das persönliche Gewissensurteil darf nicht einfach mit einer oberflächlichen „Bequemlichkeitsmoral“ verwechselt werden, bei der jeder das macht, was ihm zusagt und gefällt.[36] Der Moraltheologe Helmut Weber hat in diesem Zusammenhang einmal zu Recht bemerkt: „Wie ernst es jemand ist, wenn er sich auf sein Gewissen beruft, lässt sich nie exakt ermitteln; man kann es immer nur glauben. Damit ist zugleich auch die Versuchung zu Missbrauch und Täuschung gegeben: Man sagt Gewissen, wo es in Wirklichkeit um Egoismus, Wünsche und Launen geht.“[37] Die eigentliche Reife und Verantwortung der Gewissensurteile des einzelnen Menschen bzw. gläubigen Christen lassen sich demnach nur am beharrlichen Suchen nach der Wahrheit messen und daran, dass man sich von ihr beim Handeln leiten lassen will. Aber auch das ist in der Theorie oft leichter gesagt als in der Praxis getan. Wie soll man sich

---

[34] Bernhard Häring, Frei in Christus. Moraltheologie für die Praxis des christlichen Lebens. 3 Bde., Freiburg – Basel – Wien 1980/Sonderausgabe 1989.

[35] Ebd., Bd. II: Der Weg des Menschen zur Wahrheit und Liebe, 206.

[36] Vgl. Helmut Weber, Allgemeine Moraltheologie. Ruf und Antwort, Graz – Wien – Köln 1991, 203–205.

[37] Ebd., 204.

orientieren, wenn man in der einen oder anderen moralischen Zwickmühle, die das Leben mit sich bringt, so klar und eindeutig die Stimme des Gewissens nicht vernimmt, wenn man also echte Zweifel darüber hegt, ob eine bestimmte ethische Verpflichtung besteht oder nicht? Helmut Weber hat für diese missliche Lage des Gewissenszweifels einige Regeln empfohlen, die tatsächlich eine brauchbare Anleitung zur Klärung der Dinge bieten können. Er rät im Einzelnen Folgendes:[38]

Erstens ist es wichtig, sich nach Möglichkeit die nötige Zeit einzuräumen, damit Überzeugungen und Urteile reifen können. Nicht immer ist gleich die erste Regung des Gewissens, sozusagen die spontane moralische Intuition, schon die beste oder auch nur gut.

Zweitens sind die jeweils involvierten Sachfragen und Sachlagen erst einmal der Reihe nach gründlich in den Blick zu nehmen sowie vor allem auch die Auswirkungen vorausschauend zu bedenken, die ein bestimmtes Gewissensurteil mit sich bringt.

Drittens sind die Auswirkungen dessen, was vom Gewissen als Lösung angeboten wird, wesentlich dahingehend zu prüfen, ob sie primär dem eigenen Vorteil und Interesse dienen. Bei Optionen, die nicht auch anderen dienen oder womöglich sogar auf deren Kosten gehen, sollte man eher misstrauisch sein und nach Alternativen suchen.

Viertens kommt dem Gespräch eine wichtige Funktion in der Situation des zweifelnden Gewissens zu. Im Dialog mit anderen Personen, von deren qualifiziertem Urteil auszugehen ist, und auch im offenen Austausch mit kritischen Einwänden gegenüber der eigenen Tendenz zur Entscheidung klären sich viele Dinge.

Fünftens schließlich bleibt zu bedenken, dass das eigene Gewissen keine von sich aus untrügliche Instanz darstellt, sondern – wie alles am Menschen – der Erlösung und Erleuchtung durch einen Größeren bedarf. Das Gebet um die Gabe des Hl. Geistes und um die rechte Einsicht bzw. Entscheidung ist deshalb fundamental für das Ringen eines gläubigen Christen um sein moralisches Profil.

---

38 Vgl. ebd., 208.

Sicher werden sich nicht sämtliche Unsicherheiten und Zweifel auf der Ebene des Gewissens mit diesen einfachen Regeln auch beseitigen lassen; gleichwohl dürften sie doch einen wertvollen Beitrag dazu leisten, dass – wie Helmut Weber schreibt – „die oft bedrückenden Dunkelheiten des Gewissens doch ein Stück weiter aufgehellt werden."[39]

5. Ein Fazit: „Habt keine Angst davor, zu zweifeln!" (Papst Franziskus)

Lange Zeit hatte der Zweifel in Kirche und Theologie ein denkbar schlechtes Image: Er galt als Schwäche, als Bedrohung, als Sünde oder gar als Gift für den Glauben. Diese Sicht der Dinge hat sich inzwischen deutlich gewandelt: Heute gilt der Zweifel eher als Kraftprobe, als ein Schritt zur Reife, als Schutz vor Fanatismus und ideologischer Verblendung oder gar „Düngemittel"[40], das den Glauben am Leben hält. Vielleicht übersieht dieser Wandel gelegentlich, dass der Zweifel doch auch seine Tücken hat, dass er quälen, lähmen oder auf Abwege führen kann, dass der Zweifel – mit Guardini gesprochen – seinen innersten Antrieb auch in einer unbewussten Feindseligkeit gegen Gott haben kann.[41]

Sehr wahrscheinlich hängt die neue Sicht auf den Zweifel aber auch damit zusammen, dass die moderne Lebens- und Glaubenswelt mit ihrem religiösen bzw. weltanschaulichen Pluralismus, der breiten Palette an Sinnangeboten und einer oft verwirrenden Unübersichtlichkeit das Ideal einer unerschütterlichen Glaubensgewissheit zunehmend unerreichbar erscheinen lässt. Die Selbstverständlichkeiten in unserer Welt sind weniger geworden, und der moderne Mensch ist mit so vielen Wahl- und Entscheidungsmög-

---

39 Ebd., 208 f.

40 Gradl, (Anm. 25), 86.

41 Vgl. Guardini, Glaubensgeschichte und Glaubenszweifel (Anm. 14), 115.

lichkeiten konfrontiert, dass man als differenziert denkendes Individuum dem Zweifel kaum mehr ausweichen kann.[42]

Ähnlich formulierte es auch Papst Franziskus, der sich bei einem Pastoralbesuch im römischen Stadtteil Monteverde im Frühjahr 2019 auf die entsprechende Frage einer Firmkatechetin hin zu seinen eigenen Glaubenszweifeln bekannt und ausdrücklich den versammelten Jugendlichen zugerufen hat: „Habt keine Angst davor, zu zweifeln!“[43] Dass der Zweifel darüber hinaus gerade auch im kommunikativen Geschehen zwischen Mensch und Gott seinen Platz einnehmen darf, hat der Papst ausdrücklich in seinem Schreiben „Christus vivit“[44], welches im Nachgang zur letzten Jugendsynode veröffentlicht wurde, betont. In unmittelbar-persönlich die Adressaten des Schreibens ansprechenden Worten formuliert Papst Franziskus: „Die Liebe des Herrn kennt sich eher mit dem Wiederaufstieg als mit dem Fall aus, mehr mit der Versöhnung als mit Verboten, mehr mit dem Gewähren neuer Möglichkeiten als mit der Verdammnis, mehr mit der Zukunft als mit der Vergangenheit. […] Es macht ihm nichts aus, wenn du ihm gegenüber deine Zweifel äußerst. Das, was ihn beunruhigt, ist, dass du nicht mit ihm redest, dass du dich nicht aufrichtig für den Dialog mit ihm öffnest.“[45]

Hier liegt tatsächlich für jeden Christen der entscheidende Schlüssel zur konstruktiven Auseinandersetzung mit den eigenen Zweifeln im Glauben: sich im Gebet innerlich vor Gott zu stellen, sich dem Geheimnis Gottes gegenüber zu öffnen und ähnlich wie der Vater eines leidenden Jungen im Markus-Evangelium zu beten: „Ich glaube; hilf meinem Unglauben!“ (Mk 9,24).

---

[42] Vgl. Veronika Hoffmann, Gehört der Zweifel zu religiösen Überzeugungen?, in: Bärbel Kracke / René Roux / Jörg Rüpke (Hg.), Die Religion des Individuums, Münster 2013, 167–180, hier 174.

[43] https://www.vaticannews.va/de/papst/news/2019-04/papst-franziskus-pfarrei-rom-besuch-monteverde-zweifel-jugend.htm (08.04.2019).

[44] Nachsynodales Apostolisches Schreiben *Christus vivit* von Papst Franziskus an die jungen Menschen und an das ganze Volk Gottes (25. 3. 2019), hg. vom Sekretariat der Deutschen Bischofskonferenz (VApS 218), Bonn 2019.

[45] Ebd., Nr. 116 f.

Andrea Pichlmeier

Ist das Christentum eine Buchreligion?
Zur Rolle der Bibel im Leben der Christen

Exposé: Die Bibel ist für Christen das Dokument göttlicher Offenbarung. Das Zentrum des christlichen Glaubens ist aber nicht die Bibel, sondern die Person Jesus Christus. Die Bibel legt aus, wer Christus ist, und sie tut es in Form des Bekenntnisses, nicht in Form historischer Berichte. So will sie verstanden werden.

1. Christsein ohne Neues Testament?

Im Jahr 1993 erschien ein Buch mit dem Untertitel „Christsein ohne Neues Testament“[1]. Der Titel könnte Reaktionen provozieren. Ist nicht das Neue Testament die Grundschrift des Christentums? Enthält es nicht die Worte Jesu? Könnten Christen überhaupt Jesus begegnen ohne das Neue Testament?

Der Autor, Manfred Görg, war Ordinarius für Alttestamentliche Theologie in München – Theologe und Christ. Für ihn käme das Christentum nicht ohne Buch aus, im Zweifelsfall aber ließe sich eher auf das Neue denn auf das Alte Testament verzichten.

Das Christentum ist nie ohne Buch ausgekommen, doch die Bibel der ersten Christen war nicht das Neue Testament, sondern die Schriften der jüdischen Bibel, der sogenannte TaNaCh, der die Fünf Bücher Mose, die Propheten und die „Ketuvim“ umfasst, das Korpus der „Schriften“, zu denen auch die Psalmen zählen. Die ersten Christen kannten nur ein „Christsein ohne Neues Testament“. Was einmal „Neues Testament“ werden sollte, musste erst geschrieben werden. Die Entstehung der Schriften des Neuen Testaments ist nicht in allen Details erschlossen, die meisten Autoren

---

[1] Manfred Görg, In Abrahams Schoß. Christsein ohne Neues Testament, Düsseldorf 1993.

sind unbekannt geblieben. Der weitere Verlauf der Geschichte aber hat das kanonische Neue Testament hervorgebracht, sodass sich die Frage nach einem Christsein ohne den von Christen verfassten Teil der christlichen Bibel bestenfalls theoretisch stellt.

2. Wort und Buch

Das Christentum gründet sich auf ein Buch. Dennoch kann man die Religion der Christen nicht unbesehen als „Buchreligion" bezeichnen, auch wenn sie im Islam, ebenso wie die Juden, als „Schriftbesitzer" bezeichnet werden. Im Koran ist vom „Ahl al-Kitab", dem „Volk des Buches" die Rede. Aus muslimischer Sicht glauben Juden an die Tora, Christen an das Evangelium und Muslime an den Koran. Für den Islam ist die göttliche Offenbarung in einem Buch enthalten, in ihrer letztgültigen Form im Koran.

„Koran" bedeutet „das zu Lesende" oder „das zu Rezitierende". Damit wird auf einen geschriebenen Text verwiesen, auf ein Buch. Der Koran gilt Muslimen als das Buch, das Gott dem Propheten Muhammad durch den Erzengel Gabriel nach und nach offenbart hat. Bisweilen wird die göttliche Offenbarung im Islam auch als „Inlibration" bezeichnet, als „Buchwerdung" des Wortes Gottes. Darin lässt sich ein vom Christentum unterschiedenes Offenbarungsverständnis erkennen, denn in der christlichen Tradition ist von der „Inkarnation" die Rede, von der „Fleischwerdung" des Wortes Gottes, wie es im Johannesprolog zum Ausdruck kommt: „Und das Wort ist Fleisch geworden und hat unter uns gewohnt und wir haben seine Herrlichkeit geschaut, die Herrlichkeit des einzigen Sohnes vom Vater, voll Gnade und Wahrheit" (Joh 1,14). Das Christentum will nicht in erster Linie als Buchreligion verstanden werden. Christen glauben nicht an ein Buch, sondern an Jesus Christus, den das Buch ihnen vor Augen stellt und auslegt. In Jesus Christus offenbart sich Gott. In der islamischen Theologie ist bereits dieser Gedanke unzulässig, da Gott und Mensch prinzipiell unterschieden sind und Gott nicht zugleich Mensch sein kann. Das Verhältnis von Gott als Vater und Christus als dem Sohn ist dem Koran ein Skandalon. „Gott ist ein einziger Gott", heißt es in Sure 4,171. „Dass er ein Kind hätte! Ihm gehört, was in den Himmeln und auf der Erde ist."[2] Gott als Schöpfer des Himmels und der Erde bleibt radikal transzendent. Gott offenbart sich im Wort, das Wort steht im Buch. Muhammad war Analphabet, das Buch hatte für ihn einen hohen Stellenwert. Es galt ihm als göttliches Medium par excellence. Und der Wunsch des Propheten, so der Koran, sei es gewesen, dass auch sein eigenes arabisches Volk durch ein Buch Zugang zur göttlichen Offenbarung bekommen sollte. Sein Wunsch fand Ausdruck in einer mystischen Erfahrung, diese Erfahrung wurde als Offenbarung gedeutet und mündete in ein Buch, den Koran.

Aus christlicher Perspektive ist das Wort Gottes nicht mit dem Buchstaben gleichzusetzen. Die Bibel verdankt sich nicht unmittelbarer göttlicher Inspiration, sie ist nicht selbst „Wort Gottes", sondern bezeugt das Wort eines Gottes, der auf vielerlei Weise in der Geschichte – sowohl der Menschheit im Allgemeinen, als auch der des Gottesvolkes im Besonderen – „spricht". Andernfalls wäre ja zu fragen, wie man es sich vorzustellen hat, wenn beispielsweise Gott in Gen 12,1 zu Abraham spricht: Hört Abraham eine Stimme „aus dem Off" oder „hört" er sie in seinem Herzen? Hört er überhaupt etwas oder ist das „Sprechen" Gottes und das entsprechende „Hören" des Menschen anders zu verstehen?

Die „Wahrheit" der Bibel, so Jean Louis Ska in seinem Vorwort zu Mario Liveranis Geschichte der Bibel im Kontext des Alten Orients[3], ist nicht an bestimmte Details gebunden, deren Historizität man getrost in Zweifel ziehen kann. Die Bibel ist erschließungsbedürftig. Dieser Sachverhalt wird von biblischen Fundamentalisten gern geleugnet, die Versuchung, vom Wortlaut eines biblischen Textes auf den Willen Gottes zu schließen, ist groß. Dieser Zugang aber entspricht nicht dem Sinn der Schrift und es erübrigt sich zu sagen, dass er die menschliche Ratio bisweilen geradezu brüskieren muss. Die Päpstliche Bibelkommission be-

---

2 Zit. nach: Der Koran. Übersetzt und eingeleitet von Hans Zirker, Darmstadt [4]2013, 71.

3 Vgl. Mario Liverani, La Bible et l'invention de l'histoire. Préface de Jean-Louis Ska, Montrouge Cedex 2008, 15. Der Begriff „Wahrheit" steht auch im französischen Text in Anführungszeichen und weist so darauf hin, dass Wahrheit nicht auf historische Verifizierbarkeit reduziert werden kann.

zeichnet einen solchen Umgang mit der Schrift sogar als gefährlich, denn „er zieht Personen an, die auf ihre Lebensprobleme biblische Antworten suchen. Er kann sie täuschen, indem er ihnen fromme, aber illusorische Interpretationen anbietet, statt ihnen zu sagen, dass die Bibel nicht unbedingt sofortige, direkte Antworten auf jedes dieser Probleme bereithält.“[4] Der jüdische Religionswissenschaftler Pinchas Lapide bringt es noch direkter zum Ausdruck, wenn er sagt: „Es gibt im Grunde nur zwei Arten des Umgangs mit der Bibel: man kann sie wörtlich nehmen oder man nimmt sie ernst. Beides zusammen verträgt sich nur schlecht.“[5]

Judentum und Christentum sind nicht in erster Linie als „Buchreligionen“ zu verstehen, sondern lassen sich eher als „Religionen des Wortes“ bezeichnen. Nach jüdischer Überzeugung entfaltet sich Gottes Wort in der Geschichte Israels. Der hebräische Begriff „dabar“ bezeichnet nicht nur das „Wort“, sondern auch eine „Sache“ oder „Tat“. Gottes Sprechen schließt Gottes Wirken ein. Gottes Wort ist Gottes Tat, denn Gott handelt nach jüdischer Überzeugung in jener Geschichte, von der die biblischen Schriften erzählen. Es sind partikulare Geschichten, deren historischer Kontext in der Gegenwart des 21. Jahrhunderts oft nicht mehr einholbar ist und die postmodernen Lesern und Leserinnen vielfach fremd bleiben. Durch sie alle zieht sich ein roter Faden, gesponnen aus der Überzeugung, dass der Urheber dieser Geschichte mit allen ihren einzelnen Episoden nicht der Zufall, sondern Gott ist. Diesen Faden gilt es zu identifizieren.

3. Wort und Person

Nach christlicher Überzeugung entfaltet sich das Wort Gottes nicht nur in der Geschichte eines Volkes, sondern „wird Fleisch“, „inkarniert“ sich in Jesus von Nazaret, der aus dem Volk Israel stammt. Nach christlichem Verständnis liegt die Erfüllung der

---

4 Päpstliche Bibelkommission, Die Interpretation der Bibel in der Kirche (VApS 115), Bonn [5]2017, 74.

5 Barbara Schmitz, Wahre Geschichte(n). Die biblischen Texte als Geschichte und Geschichten, in: BiKi 68 (3/2013) 128–133, hier 133.

Schrift in der Person Jesu Christi. In ihm ist die Verheißung, die dem „Haus Davids" zugesagt ist (2 Sam 7,16), zum Ziel gekommen. Jesus kann daher der „Christus" genannt werden, die griechische Übersetzung des hebräischen Begriffs „Maschiach" oder „Messias", womit der von Gott gesandte Richter und Retter der Welt bezeichnet wird. Nach christlichem Verständnis ist Jesus Christus die Mitte der Zeit, das Alpha und das Omega (Offb 22,13). Diesen Anspruch hat der historische Jesus nach biblischem Zeugnis nie explizit erhoben, doch er sollte sich später wie ein Keil zwischen Juden und Christen schieben. Juden, die sich traditionell auf die Tora berufen, können den Anspruch, den die Christen erheben, gerade aufgrund ihrer Toratreue nicht nachvollziehen. Und es kann ihn wohl niemand verstehen, der nicht auf irgendeine Weise, aus „erster" oder „zweiter Hand" zum Glauben an die Auferstehung Jesu gekommen ist. Ohne diesen Glauben muss der Anspruch des Christentums widersinnig bleiben. Die Trennung zwischen Juden und Christen seit dem Ende des ersten Jahrhunderts christlicher Zeitrechnung hat dies für alle Zeiten sichtbar gemacht.

Wenn im Islam davon die Rede ist, dass Christen an „das Evangelium" glauben, dann trifft das die Sache sehr wohl, wenn auch anders, als es sich aus einer Fremdperspektive präsentieren mag. Am Beginn des Markus-Evangeliums ergeht die Aufforderung von Jesus selbst: „Kehrt um und glaubt an das Evangelium!" (Mk 1,15). Inhalt dieses Evangeliums ist das nahegekommene Gottesreich. Das „Gottesreich" mag im Lauf der Zeit zur Chiffre erstarrt sein oder räumlich und zeitlich missverstanden werden, etwa im Sinn eines „Jenseits" der erfahrbaren Welt. Aus biblischer Sicht „herrscht" Gott, wenn Freiheit herrscht. Die Herrschaft von Menschen ist immer mit Einschränkungen verbunden. Wenn der Urheber des Lebens herrscht, kann keiner ein Sklave des anderen sein, in welcher Gestalt auch immer die Verdinglichung des Menschen bis in die Gegenwart sich äußern mag. Die biblische Tradition hat für diese Verdinglichung die Chiffre „Ägypten" gefunden. Sie besagt, dass jegliche Souveränität über das eigene Leben an einen „Pharao" abgetreten wird, und auch die Chiffre „Pharao" scheint die gesamte Menschheitsgeschichte hindurch in wechselnden Gestalten immer wieder neu auf.

Im Gottesreich kann es keinen „Pharao“ geben, Gott ist kein Mensch, sondern Souverän über Mensch und Welt, Leben und Tod. Jeden Menschen mag irgendwann eine Ahnung davon einholen, was „Gottesreich“ bedeuten könnte. In Goethes „Faust“ ist diese Ahnung sprichwörtlich geworden: „Werd ich zum Augenblicke sagen: Verweile doch! du bist so schön!“ Allerdings ist es hier wohl der falsche Augenblick, denn der Preis dafür ist der Verzicht auf Gott.

Jesus muss eine Ahnung vom Gottesreich vermittelt haben. Der Salzburger Dogmatiker Gottfried Bachl schreibt, Jesus müsse so etwas wie „Gottesluft“ umgeben haben.[6] Man mag sich vorstellen, wie diejenigen, die ihm folgen, „Gottesluft“ schnuppern und nicht mehr davon lassen können, auch wenn bisweilen der Wind des Zweifels dazwischenfährt.

Im Licht jener Erfahrung, die mit dem leeren Grab und den Erscheinungen des Auferstandenen nur unzureichend beschrieben ist, gelangt die frühe Kirche zu der Überzeugung, Jesus habe das Evangelium nicht nur verkündet, sondern er selbst sei das Evangelium. In ihm ist Gott gegenwärtig und wirkt und handelt am Menschen. Oder, um es mit dem Kolosserhymnus zu sagen: „Gott wollte mit seiner ganzen Fülle in ihm wohnen“ (Kol 1,19). In Jesus, dem Auferstandenen, begegnet Gott.

Wenn Christen (wie Juden und Muslime auch) an den einen Gott glauben, richtet sich ihr Blick nicht auf ein Buch, auf Tora oder Koran, sondern auf den Menschen Jesus Christus. Allerdings ist dieser Mensch ohne das Buch weder zu erkennen noch zu verstehen.

4. Wort und Zeichen

In den Versammlungen der frühen Kirche wurde „das Brot gebrochen“. Dies geschah im Gedenken an das Letzte Abendmahl, das Jesus vor seiner Hinrichtung mit seinen Jüngern feierte. Die älteste Überlieferung davon findet sich im Ersten Korintherbrief: „Jesus,

---

6 Gottfried Bachl, Der schwierige Jesus, Kevelaer 2005, 30.

der Herr, nahm in der Nacht, in der er ausgeliefert wurde, Brot, sprach das Dankgebet, brach das Brot und sagte: Das ist mein Leib für euch. Tut dies zu meinem Gedächtnis!“ (1 Kor 11,23–24).

Der Überlieferung nach feierten die Jünger schon kurz nach Jesu Tod dieses Vermächtnis. Belege dafür finden sich im Neuen Testament (Lk 24,13–35; Apg 2,42.46–47; 20,7) ebenso wie in außerbiblischen frühchristlichen Schriften (Didache, Ignatius von Antiochien). Das Brotbrechen steht in der jüdischen Tradition, es ist fester Bestandteil jüdischer Mahlzeiten. Auch der Segensspruch über den Wein, „Kiddusch“ genannt, gehört zu jedem jüdischen Fest.

In der Kirche hat der Ritus von Brot und Wein sakramentalen Charakter. Im Glauben an das Jesuswort „mein Leib für euch“ erhält der Glaubende Anteil am Auferstandenen. Das Sakrament ist mehr als ein Symbol. Es enthält die Wirklichkeit, die es bezeichnet. Doch bliebe der Ritus stumm, wenn er keine Deutung erfahren würde. Diese Deutung kann nur „die Schrift“ leisten, und damit ist die jüdische Bibel gemeint, das sogenannte Alte Testament.

Wer sich auf Jesus Christus und auf die christlichen Riten einlässt, berührt damit die gesamte alttestamentliche Gotteserkenntnis und Gottesbeziehung, auch wenn er oder sie das zunächst nicht bewusst wahrnimmt. Ohne die Geschichte des jüdischen Gottesvolkes bleiben die christlichen Lebensvollzüge leer. Jesus wäre ein begnadeter Mensch mit einer besonderen mystischen Begabung, aber eben nicht mehr als das.

5. Christsein ohne Altes Testament?

Im Jahr 2013 erschien eine Abhandlung des Berliner evangelischen Theologen Notger Slenczka mit dem Titel „Die Kirche und das Alte Testament“[7]. Slenczka greift darin eine These des protestantischen Theologen Adolf von Harnack aus dem Jahr 1921 auf, wonach das Alte Testament aus der christlichen Bibel zu entfernen

7 Notger Slenczka, Die Kirche und das Alte Testament, in: Elisabeth Gräb-Schmidt / Reiner Preul (Hg.), Das Alte Testament in der Theologie (MThSt 119 / MJTh XXV), Leipzig 2013, 83–119.

sei. Für Harnack und Slenczka gilt der erste Teil der christlichen Bibel lediglich als eine Vorstufe des christlichen Glaubens und sollte daher zu den Apokryphen gezählt werden. Die jüdische Religion sei von Glaubensvorstellungen geprägt, die mit dem Christentum nichts mehr zu tun hätten. Mit Jesus habe sich der biblische Glaube weiterentwickelt und von Grund auf erneuert. Vor allem habe Jesus ihn von allen Bedingungen befreit, die das jüdische Gesetz zwischen Gott und den Menschen errichtet habe.

Nicht wenige Christen würden dem zustimmen, weil sie mit dem Alten Testament ohnehin „fremdeln". Sie finden keinen Zugang zu Texten, die sie mehr als zwei Jahrtausende von ihrer eigenen Erfahrung trennen. Das verhält sich allerdings mit dem Neuen Testament nicht sehr viel anders. Auch zwischen ihm und dem 21. Jahrhundert liegen zwei Jahrtausende. Allerdings empfinden es die meisten Leser und Leserinnen nicht so, weil das Neue Testament über Jahrhunderte als die „eigentliche" christliche Bibel vermittelt wurde. Ohne die jüdische Bibel aber gäbe es kein Neues Testament. Sie ist wie die „theologische DNA" Jesu, sein Leben bliebe ohne das Alte Testament frei von jeder heilsgeschichtlichen Bedeutung. Auch wenn sie bisweilen irritieren, bleiben die Schriften Israels trotz ihrer Fremdheit der „Deutungshorizont"[8] für Jesus Christus und werden für Christen nie als „erledigt" anzusehen sein. Die Kirche kann auf diesen ersten, größeren und älteren Teil ihrer Bibel nicht verzichten.

6. Christsein „trotz" Altem Testament?

Schon die frühe Kirche hatte Schwierigkeiten mit dem später so genannten Alten Testament, allerdings aus anderen Gründen. Jesus erwies sich nicht von vornherein als die Erfüllung von allem, was sich jüdische Gläubige von der eschatologischen Zukunft erhofften. Wenn Jesus der von Gott gesandte Gesalbte, der „Messias" oder der „Christus", sein sollte, dann hätte mit seinem Kommen die Welt vollendet werden müssen, denn mit dem Kommen des

---

[8] Jens Schröter, Das Alte Testament im Urchristentum, in: Gräb-Schmidt/ Preul (Hg.), Das Alte Testament in der Theologie (Anm. 7), 57.

Messias ist nach jüdischer Auffassung die Neuschöpfung der Welt verbunden. Die beschädigte, unheilschwangere Welt blieb aber auch nach dem Kommen Jesu unverändert unvollkommen. Hinzu kam, dass die Tora, Herzstück des jüdischen Glaubens, eine Stelle enthält, wonach Jesus gerade nicht der von Gott gesandte und bevollmächtigte Messias sein konnte, sondern das radikale Gegenteil: ein von Gott Verworfener. Im Buch Deuteronomium ist zu lesen, ein Gehenkter sei „ein von Gott Verfluchter" (Dtn 21,23). Mit diesem Stolperstein setzt sich Paulus im Galaterbrief in einem akribischen schriftgelehrten Argumentationsgang auseinander. Den Fluch, der Dtn 21,23 zufolge als Gottesurteil auf einem öffentlich hingerichteten Verbrecher lastet, sieht er mit ganzem Gewicht auf Jesus gefallen. In Gal 3,13 verschärft Paulus diesen Gedanken noch, indem er sagt, Jesus sei selbst zum Fluch geworden und habe dadurch alle, die unter dem „Fluch des Gesetzes" stehen, von eben diesem Fluch freigekauft. Jean-Noël Aletti, Professor am Päpstlichen Bibelinstitut in Rom, schreibt in einem Artikel zum Galaterbrief, man könne sich nur schwer vorstellen, wie die frühen Christen den komplizierten paulinischen Gedankengang in der Auseinandersetzung mit ihren jüdischen Glaubensbrüdern und -schwestern hätten heranziehen sollen. Es war durchaus gewagt, Dtn 21,23 als „Beweis" anzuführen, dass nicht Jesus, sondern das Gesetz ein Fluch gewesen sei,[9] und man mag sich fragen, ob Heidenchristen, die keinerlei Ahnung vom jüdischen Gesetz hatten, mit der paulinischen Beweisführung insgesamt etwas anzufangen wussten. Aus ihrer Sicht dürfte es ziemlich belanglos gewesen sein, ob man das jüdische Gesetz für unwirksam und ungültig erklären konnte, denn sie hatten ohnehin nie danach gelebt. Sie hatten durch die Mission der frühen Kirche direkt Anschluss an Jesus

---

[9] Jean-Noël Aletti, L'argumentation de Ga 3,10–14, une fois encore. Difficultés et propositions, in: Bib. 92 (2011) 182–203, hier 194. Im Galaterbrief versucht Paulus, die Verpflichtung auf das Gesetz für Heidenchristen zu klären. Dabei gelangt er zu dem Schluss, dass das Gesetz insgesamt nicht nur unnötig, sondern auch unfähig, ja sogar verderblich, kurz: ein Fluch ist. Wenn es den Gerechtesten und Unschuldigsten aller Menschen, Jesus, nicht zu retten vermochte, dann rettet es überhaupt nicht und ist auch für die Juden verzichtbar.

den Auferstandenen gefunden, hatten „Gottesluft“ geschnuppert und sich taufen lassen.

Für Paulus, den gesetzestreuen Juden jedoch, waren der Gekreuzigte und das jüdische Gesetz unlösbar miteinander verbunden. Um des Gesetzes willen hatte er die Anhänger Jesu verfolgt, denn die Tora war für Paulus, wie für jeden gläubigen Juden bis heute, Gottes Wort. Gott zuliebe verwarf er Jesus, bis ihm eine Erfahrung zuteilwurde, die seiner bisherigen Überzeugung diametral widersprach. Paulus begegnete Jesus als dem von Gott Auferweckten und war fortan überzeugt, dass Gott den Gekreuzigten nicht verworfen hatte, auch wenn der Augenschein und vor allem das Gesetz dies nahelegten. Der Gekreuzigte lebte, die Schriften mussten neu interpretiert – und weitergeschrieben werden.

7. Die Schrift in einem neuen Licht

Letzteres stimmt so natürlich nicht. Niemand hatte die Absicht, die jüdische Bibel fortzuschreiben. Die Erfahrung von der Auferweckung Jesu hatte in seinen Anhängern die Hoffnung geweckt, dass der Auferstandene zeitnah kommen und sich aller Welt offenbaren werde. Die Parusie, davon war man überzeugt, konnte sich jederzeit ereignen. Es galt, darauf vorbereitet zu sein und nicht, Geschichte auf eine ferne Zukunft hin zu überliefern. Aufgabe der Gegenwart war es, die Botschaft von Jesus, dem Christus, zu verkünden. Paulus gründete Gemeinden, und jene, die zum Glauben gekommen waren, versammelten sich im Gedenken an den Auferstandenen und bereiteten sich auf sein Kommen vor. Bisweilen tauchten Fragen auf, die der Schriftgelehrte Paulus in seinen Briefen beantwortete. Die ältesten Schriften, die später zum Neuen Testament gerechnet werden sollten, stammen von ihm. Seine Briefe hatten sich im Leben der Gemeinden offenbar bewährt, denn sie wurden kopiert und weitergegeben und wurden schließlich sogar als „kanonisch“ erachtet, verbindlich für den christlichen Glauben.

Etwa eine Generation nach Jesu Tod entstanden die ersten „Biografien“ Jesu in Gestalt der Evangelien. Es sind keine Biografien im heutigen Sinn, doch das Markusevangelium, als ältestes der vier kanonischen Evangelien und nach mehrheitlicher Meinung der Exegeten Vorlage für zwei andere, ist durchaus im Stil einer antiken Biografie verfasst. In solchen Biografien, „bios“ oder „vita“, „Leben(sgeschichte)“, genannt, ging es weniger darum zu erzählen, „wie es wirklich gewesen ist“, als vielmehr darum, mit bestimmten Stilmitteln die Bedeutung der betreffenden Person zu unterstreichen. In dieser Tradition kann man sowohl die synoptischen Evangelien als auch das Johannesevangelium lesen.

Die Tatsache, dass die frühesten Jesusgeschichten erst ein Menschenalter nach Jesu Tod auftauchen, lässt sich auf dem Hintergrund des Ersten Jüdischen Krieges, eines Aufstands gegen die römische Besatzungsmacht, in Verbindung bringen, der im Jahr 70 mit der Zerstörung Jerusalems durch die römische Armee und mit der Vertreibung der Juden (und Christen) aus der Heiligen Stadt endete. Mit diesem Ereignis traten das Judentum und mit ihm das noch nicht selbständige Christentum in eine neue Phase ihrer Geschichte ein. Die Zerstörung des Tempels bedeutete eine Zäsur in der Geschichte des Judentums. Vor allem aber läutete dieser Riss in der Geschichte bei den Christen das Sichern der Tradition ein. Die Evangelien sind nicht mehr nur, wie die Paulusbriefe, für einen bestimmten Moment und auf eine bestimmte Frage hin geschrieben. Sie überliefern den Jesus der Geschichte für Christen, die sich von der Zeitzeugengeneration immer weiter entfernen. In ihnen spiegelt sich zugleich auch die aktuelle Situation ihrer Verfasser und Adressaten. Möglicherweise enthalten sie ebenso viele Fragen ihrer Zeit wie Überlieferungen von der Zeit Jesu ein halbes Jahrhundert früher. Sie sind Geschichtsschreibung und Verkündigung zugleich. Ihre Anfänge liegen, anders als die der paulinischen Briefe, weitgehend im Dunkeln, doch auch sie wurden kopiert, überarbeitet und verbreitet. Neben ihnen gab es zahlreiche andere Schriften, die von Christen des ersten und zweiten Jahrhunderts verfasst wurden. Eine Qualitätskontrolle und Auswahl wurden nötig. Im Zuge der Kanonbildung wurden Schriften, die den Glauben authentisch zum Ausdruck brachten, gesammelt, andere ausgeschieden. Der neutestamentliche Kanon lässt sich in seiner heutigen Form seit dem 4. Jahrhundert n. Chr. nachweisen, anhand einer Liste, die sich in einem Brief des alexandrinischen Patriarchen Athanasius zum Osterfest findet. Doch wurden bereits vom 2. Jahrhundert n. Chr. an immer wieder neue Listen jener Schriften erstellt, die später zum Neuen Testament gezählt werden sollten. Welche Schrift als verbindlich anzusehen war, wurde von der Glaubensgemeinschaft entschieden. Der Kanon ist nicht Ergebnis einer „amtlichen" Entscheidung, sondern Frucht eines Prozesses der „Unterscheidung der Geister". An einem bestimmten Punkt galt es festzumachen, woran man sich auf Dauer orientieren wollte: an Schriften, die sich im Glauben und im Gottesdienst bewährt hatten. Der biblische Kanon des frühen Christentums ist so etwas wie ein Spiegel christlicher Identität.

8. Wort-Orte

Für die heiligen Schriften des Judentums gibt es einen besonderen Platz in der Synagoge. Sie werden im „Aron ha-Kodesch", dem Toraschrein in der Apsis bzw. an der Stirnseite von Synagogen untergebracht.

Die antiken Kirchenräume orientierten sich an den Synagogenbauten. An die Stelle des Toraschreins trat die Kathedra, der Sitz des Bischofs, denn der Bischof galt als der erste Verkünder des Evangeliums. Das verkündete Wort nahm den Platz der Schriftrolle ein. Erst in den Barockkirchen der Gegenreformation musste es diesen Platz an den Tabernakel abtreten. Doch haben sich die Kirchenräume auch vor der Reformation immer wieder gewandelt. In der Gotik befindet sich der Hochaltar im Scheitel der Apsis. Das Wort wanderte auf die Kanzel und wurde mit der Zeit etwas „ortlos" – ganz abgesehen davon, dass sich die lateinische Sprache, in der es verkündet wurde, von der Volkssprache längst zur Gelehrtensprache gewandelt hatte und die Menschen der Neuzeit die Texte nicht mehr verstanden.

Das Zweite Vatikanische Konzil (1962–1965) hat darin eine Fehlentwicklung erkannt und sie zu korrigieren versucht. In der Konstitution „Dei verbum" über die göttliche Offenbarung heißt es: „Die Kirche hat die Heiligen Schriften immer verehrt wie den Herrenleib selbst, weil sie, vor allem in der heiligen Liturgie, vom Tisch des Wortes Gottes wie des Leibes Christi ohne Unterlass das Brot des Lebens nimmt und den Gläubigen reicht" (DV 21). Das

Wort der Schrift wird mit dem eucharistischen Brot auf dem Altar verglichen. In der Reform der römischen Liturgie nach dem Konzil wurde in den meisten Kirchen ein zweiter „Tisch“ aufgestellt: der Ambo, auf den die Heilige Schrift in Gestalt des Lektionars oder eines Evangeliars gelegt wird. Er bildet sozusagen das Pendant zum Altar, dem „Tisch des Brotes“.

9. Wort und Brot

Dieser Gedanke liegt der Sitzordnung von Kirchen zugrunde, die als „Communio-Räume“ bezeichnet werden.[10] In ihnen sind die Plätze der zum Gottesdienst versammelten Gemeinde elliptisch um die beiden „Brennpunkte“ von Ambo und Altar angeordnet. In dieser Raumgestaltung kommt zum Ausdruck, dass das zu verkündigende Wort – ob von der Kathedra oder von der Kanzel aus – eine verbindliche Grundlage braucht. Ohne das Buch der Bibel bliebe jede Verkündigung beliebig, reines Menschenwort.

10. Doch eine „Buchreligion“?

Die Kirche braucht das Buch ebenso wie das Brot und den Wein. Sollte man das Christentum also doch als „Buchreligion“ bezeichnen? Die Antwort darauf kann weder „Ja“ noch „Nein“ lauten. Sie besteht in jener produktiven Spannung, wie sie in der Gestalt der Ellipse zum Ausdruck kommt: Die Christen empfangen den Auferstandenen im Brot. Wer es aber ist, den sie empfangen, begreifen sie nur durch das Wort. Das Wort Gottes kann verschiedene Gestalt annehmen. Um am Ende aber nicht gestaltlos zu werden, bleibt es verwiesen auf das Wort im Buch.

---

10 In der Diözese Passau ist diese Raumgestalt in zwei Kirchen verwirklicht: in der „Heilig-Geist-Kirche“ im Haus der Begegnung in Burghausen und in der Pfarrkirche St. Anton in Passau. Vgl. dazu: Albert Gerhards / Thomas Sternberg (Hg.), Communio-Räume. Auf der Suche nach der angemessenen Raumgestalt katholischer Liturgie, Regensburg 2003.

Isidor Baumgartner

Quält Gott den Menschen? Warum trifft Menschen Leid?

1. Menschliches Schicksal zwischen Glück und Leid

Es gibt sie: die glücklichen Augenblicke, Stunden, Tage, Jahre im Leben, in der Liebe, in der Familie, im Genesen von schwerer Krankheit, in Zeiten des inneren und äußeren Friedens oder im Erfahren von Versöhnung und Dankbarkeit. Doch, mit Friedrich Schiller gesprochen: „Des Lebens ungemischte Freude ward keinem Irdischen zuteil!"[1] Die Glücksmomente seien nicht vergessen, wenn die dunkle Seite in Blick zu nehmen ist, das nicht selten unfassbare Leid des Einzelnen und die menschheitliche Leidensgeschichte mit all ihrer Gewalt, Ungerechtigkeit und Bosheit, der Strom von Blut, Tränen, Trauer, Angst, Verzweiflung und Tod. Eine Leidensgeschichte, die Wert- und Sinnhaftigkeit des menschlichen Lebens radikal infrage stellt, wo nur noch Absurdität und Chaos zu walten scheinen. Wo soll da Sinn sein in einer Welt, in der es möglich ist, dass ein psychisch Kranker einen achtjährigen Jungen vor den einfahrenden Zug in den Tod stürzt, vor den Augen der Mutter? Wo ist da Sinn in einer Welt, die Auschwitz und Gulags, mehr Kriegs- als Friedenszeiten in ihrer erschreckenden Bilanz stehen hat? Allein für das 20. Jahrhundert listet eine Studie mehr als 200 Millionen Tote durch Krieg, Terror und Völkermord auf.[2] Wo ist da Sinn, angesichts der zahllosen Opfer von Naturka-

---

[1] Friedrich Schiller, Der Ring des Polykrates, zit. n. Karl Otto Conrady (Hg.), Das große deutsche Gedichtbuch, Kronberg / Ts. 1977, 308.

[2] Rudolph J. Rummel, Death by Government: Genocide and Mass Murder in the Twentieth Century, New Jersey 1994. Siehe auch: Steven Pinker, Aufklärung jetzt: Für Vernunft, Wissenschaft, Humanisierung und Fortschritt. Eine Verteidigung, Frankfurt a. M. 2018, der einen Rückgang von Krieg und Gewalt konstatiert.

tastrophen, von Erdbeben, Tsunamis, Überschwemmungen, Hurrikans, Epidemien und Hungersnöten?

Aurelius Augustinus[3] hat im Blick auf das Leid und seine Ursachen eine klärende Unterscheidung getroffen. Alles, was schadet, Leid verursacht und als leidvoll erfahren wird, ist als Übel anzusehen. Er unterscheidet zwei Hauptformen des Übels:

- das natürliche Übel (malum physicum), das aus den Naturgesetzen resultiert, wie das durch Katastrophen verursachte Leid,
- und das moralische Übel (malum morale), das auf Verfehlungen der menschlichen Freiheit zurückgeht und als absichtlich verursachtes Böses zu werten ist.
- Gottfried Wilhelm Leibniz[4] fügt das metaphysische Übel hinzu, das mit der Gebrochenheit und Endlichkeit des Seins gegeben ist.
- Auch systemisch, strukturell und politisch bedingte Übel sind einzubeziehen, die theologisch mit „struktureller Sünde“ in Zusammenhang gebracht werden.
- Nicht außen vor lassen sollte man das Leiden der Tiere, das durch Massentierhaltung, qualvolle Tiertransporte oder schlichtweg aus dem in der Natur waltenden Gesetz des „Fressen und Gefressen werden“ entsteht. Man könnte von einem evolutiven oder biologischen Übel, dem „malum physicum“ zugeordnet, sprechen.

Dass natürliche Übel mit strukturellen und moralischen oft ineinandergreifen, wird tagtäglich vor Augen geführt, wenn die Medien Bildnachrichten von verheerenden Unwettern, Überschwemmungen, Waldbränden, von Nitratbelastung des Grundwassers, von radioaktiven Gefahren oder von Plastikmüll in den Ozeanen ins Haus liefern. Es liegt deshalb nahe, die Formen des Übels und Leidens nicht getrennt, sondern in ihrer Verflochtenheit miteinander zu bedenken.

---

3 Aurelius Augustinus, De moribus Manichaeorum (387/389) II 3,5, zit. n. Hans Kessler, Das Leid in der Welt – ein Schrei nach Gott, Kevelaer 2007, 9.

4 Gottfried Wilhelm Leibniz, Essays de Theodicée (1710); dt.: Die Theodizee (Versuche in der Theodizee über die Güte Gottes, die Freiheit des Menschen und dem Ursprung des Übels), Hamburg ^{2}1968.

2. Das Theodizee-Problem

Theologisch ist die Frage unabweisbar: Warum dieses individuelle und kollektive Übermaß des Leidens, das zum Himmel schreit, das den Schöpfer und Sinngeber dieser Welt angesichts der zahllos leidenden Kreaturen, Menschen wie Tiere, anklagt und schuldig spricht? Ist dieser Gott vielleicht doch, wie ihm Friedrich Nietzsche[5] vorwirft, ein Sadist, Despot, Spieler oder Henker? Wo bleibt da der biblische Gott des Erbarmens und der Liebe? „Ein allmächtiger Gott“, so Dorothee Sölle, „der Leiden verhängt, der sich Auschwitz von oben ansieht, muss ein Sadist sein.“[6] Die immer wieder neu zu stellende, menschheitliche Frage, „wo Gott war, als er nicht da war“[7], ob man sich auf Gott und das Leid des Menschen einen Reim machen kann, verschärft sich seit der Aufklärung. Im Diskurs um das sogenannte Theodizee-Problem wird sie reflektiert.

Nach den beiden griechischen Worthälften „theos“ (Gott) und „dike“ (Recht, Gerechtigkeit) handelt es sich dabei um die Rechtfertigung des Glaubens an einen allgütigen, allmächtigen und allwissenden Gott angesichts sinnlosen Leidens in der Welt.[8] Theodizee nimmt dabei nicht selten den Charakter eines Tribunals an. Klägerin und Richterin zugleich ist die Vernunft. Angeklagt ist Gott wegen der Erschaffung einer Welt voller Übel. Es geht um die Frage, wie der Glaube an Gott vor der Vernunft bestehen kann, ob und wie er widerspruchsfrei und plausibel zu denken ist, in Anbetracht des Übermaßes sinnlosen Leidens in Geschichte und Gegenwart.

---

5 Vgl. Hans Küng, Gott und das Leid, in: Karl-Josef Kuschel (Hg.), Lust an der Erkenntnis: Die Theologie des 20. Jahrhunderts, München 1994, 267–278, 276.

6 Dorothee Sölle, Gottes Schmerz und unsere Schmerzen. Das Problem der Theodizee aus der Sicht der Armen in Lateinamerika, in: Marco M. Olivetti (Hg.) Teodicea oggi?, Padova 1988, 273–289, 265.

7 Hans Mendl, Ludger Schwienhorst-Schönberger, Hermann Stinglhammer, Wo war Gott, als er nicht da war? Berlin 2006.

8 Vgl. Klaus von Stosch, Theodizee, Paderborn [2]2018, 7.

Eine bis heute aktuelle Formulierung des Theodizee-Problems begegnet bereits bei dem antiken Schriftsteller Laktanz (250–319), der sie – vermutlich unzutreffend – auf Epikur zurückführt:

> „Entweder will Gott die Übel beseitigen und kann es nicht: Dann ist Gott schwach, was auf ihn nicht zutrifft. [Ist er doch allmächtig! / I. B.] Oder er kann es und will es nicht: Dann ist Gott missgünstig, was ihm fremd ist. [Ist er doch gut! / I. B.] Oder er will es nicht und kann es nicht: Dann ist er schwach und missgünstig zugleich, also nicht Gott. [Also ist er nicht allmächtig und nicht gut! / I. B.] Oder er will es und kann es, was allein für Gott ziemt: Woher kommen dann die Übel und warum nimmt er sie nicht hinweg?" [Dann sind Übel unerklärlich und unbegreiflich! / I. B.][9]

Von Gott her den Ursprung des Leids zu begründen, verwickelt offensichtlich in massive, kaum lösbar erscheinende logische Widersprüche. Ein in jeder Hinsicht guter, allwissender und allmächtiger Gott, so die Schlussfolgerung, kann und will dem Guten Entgegenstehendes wie sinnloses Leid nicht zulassen. Wenn dennoch solches Übel in der Welt auftritt, dann spricht das gegen die Existenz dieses Gottes. Der nach eigener Aussage „moralfreie Egoist" Stendhal (1783–1842) formulierte es drastisch: „Die einzige Entschuldigung für Gott [angesichts des Leids] besteht darin, dass er nicht existiert."[10] Jeder Glaube an ihn erscheint so als absolut unlogisch und absurd. Der Schriftsteller Georg Büchner charakterisiert deshalb in seinem Drama „Dantons Tod" ein Gottesbild, das mit dem Leid nicht in Einklang zu bringen ist, als „Fels des Atheismus"[11].

Kann man angesichts der Übel vernünftigerweise doch an Gott glauben? Um diese Frage wird nicht nur bei Laktanz, sondern auch im Buch Ijob, bei Leibniz, Kant und vielen anderen Geistes-

---

9 Laktanz, De ira Dei, 13, 19–22, zit. n. von Stosch, Theodizee (Anm. 8), 10.

10 Vgl. Gerd Neuhaus, Menschliche Identität angesichts des Leidens, in: Gotthard Fuchs (Hg.), Angesichts des Leids an Gott glauben? Frankfurt 1996, 17–52, 49, Anm. 8.

11 Georg Büchner, Dantons Tod, in: Ders., Werke und Briefe, München [7]1973, 5–111, 40.

größen gerungen. Die Frage bewegt auch heute Theisten wie Atheisten, Gläubige wie Ungläubige, Gottsucher und Agnostiker, vor allem aber Leidende und ihre Angehörigen. Immer geht es dabei um das Prinzip, dass Glaube und Vernunft soweit wie möglich vereinbar sein sollen. Glaube tendiert ja zur Einsicht durch den Verstand, wie die scholastische Theologie des Mittelalters formuliert: „fides quaerens intellectum“. Bei der Theodizee sind infolgedessen die Rollen nicht nur nach dem Schema verteilt, hier die gläubigen Theisten, die die Rechtfertigung des Glaubens angesichts des Leids vertreten, dort die Atheisten, die Einwände dagegen erheben. Vielmehr legen, um der Plausibilität ihres Glaubens willen, die Gläubigen und die Theologen auch selbst Widerspruch gegen Behauptungen ein, die vor der Vernunft nicht vertretbar sind. Das Für und Wider einer existenziellen Verankerung in Gott, angesichts und gerade im Leid, ist theoretisch, aber auch lebenspraktisch auszuleuchten.

3. Lösungsversuche des Theodizee-Problems durch Dekonstruieren des Leids

3.1. Übel leugnen, bagatellisieren und umdeuten

Die logische Unvereinbarkeit der Prädikate Gottes mit dem Leid wäre erheblich entschärft, wenn man den Übeln Gutes abgewinnen könnte. An Strategien, es zu verharmlosen, „schön“ und „gut“ zu reden, mangelt es nicht. Das Leiden wird dann umgedeutet, dass es auf ein höheres erstrebenswertes Ziel hin angelegt sei. Man bettet es in den Bezugsrahmen des Sinnvollen und Notwendigen ein. In verschiedenen Varianten begegnet diese „Bonisierung“ des Leids[12]:

– Erst durch Erfahrungen mit Leiden, Gefährdungen und Schmerzen, so eine Behauptung, können Tugenden wie Solidarität, Mitleid und Tapferkeit wachsen.

---

[12] Vgl. von Stosch, Theodizee (Anm. 8), 19–39.

- Leid, so wird gesagt, sei für den Wissenserwerb der Menschheit ein notwendiges Mittel. Erst durch die Konfrontation mit dem Leiden seien viele Fortschritte und Erfindungen erzielt worden.
- Naturwissenschaftlich betrachtet, sei der Tod des Einzelnen die Voraussetzung für die Höherentwicklung eines Stammes und des Lebens insgesamt. Tod und Leiden vieler Kreaturen in der Evolution müsse man als Kollateralschaden für die Entwicklung von etwas so Hochstehendem wie der menschlichen Existenz in Kauf nehmen.
- Es sei ein Mittel der Pädagogik Gottes, dass er mit dem Leiden begangene Sünden bestrafe. Von einem „Tun-Ergehen-Zusammenhang" ist im Ersten Testament die Rede. Erst durch das Leiden würden wir eine tiefere Erkenntnis des moralisch Guten gewinnen.
- Schließlich können erst angesichts des Leids und des Bösen das Schöne und Gute hervortreten und erkannt werden. Dies bringe einen Zuwachs an ästhetischer Erfahrung hervor.

3.2. Kritik an der „Bonisierung" des Leids

Im Einzel- und Ausnahmefall und je nach persönlicher Situation mag man sich vorübergehend der einen oder anderen dieser Aussagen anschließen können. Angesichts von Auschwitz wirkt es jedoch zynisch zu sagen, Leid bringe Tugenden wie Solidarität und Mitleid hervor. Vielmehr sind Enthemmung im Bösen, Sadismus und Mordlust die ganz gewöhnlichen Folgen, wie Studien zur Psychologie des Bösen, insbesondere zur Aggression, vielfach gezeigt haben.[13]

Was den Zuwachs von Wissen durch das Leid betrifft, ist zu bedenken, dass gar nicht so viel Wissen erworben werden müsste, wenn es weniger Leid gäbe. Fremdes Leid, darum handelt es sich bei dem naturwissenschaftlichen Argument in erster Linie, als Nutzen für andere und anderes zu instrumentalisieren, verletzt die

[13] Vgl. Isidor Baumgartner, Die dunkle Seite der Seele. Zur Psychologie des Bösen, in: Una Sancta 69 (2014) 305–318.

Dignität der leidenden Personen. Es widerspricht zutiefst der Achtung vor der Person, ihr Leid ohne ihre Einwilligung, als Mittel für andere Güter anzusehen. Die von Joseph Mengele zu medizinischen Zwecken zu Tode gemarterten Kinder konnten keinen personalen Reifungsprozess durchmachen. Der aus ihren Qualen womöglich entstandene Nutzen für den Fortschritt der Medizin kann niemals ihr Leiden rechtfertigen. Eine Welt, in der die Nachfahren zu Profiteuren der Leiden ihrer Vorfahren werden, ist ethisch höchst fragwürdig, ja indiskutabel.[14]

Die Idee, das Leiden als Erziehungsmittel Gottes zu betrachten, ist in den Religionen, so auch im Christentum, ein weit verbreiteter Gedanke. Es ist nicht in Abrede zu stellen, dass eine Krankheit auch sittliche Besserung befördern und als Chance begriffen werden kann, sein Leben neu zu ordnen. So verbreitet das erzieherische Motiv ist, so sehr es in einem christlichen Bezugsrahmen vertraut ist, es basiert auf einer strafenden, „schwarzen Pädagogik" eines patriarchalen Gottes. Gravierend widersinnig erscheint an der Pädagogisierungsthese, dass viele Menschen von Leid heimgesucht werden, von dem sie weder erlöst werden, an dem sie weder wachsen, noch reifen, noch lernen, sondern an dem sie einfach verzweifeln und zerbrechen. Dem achtjährigen Jungen, der in Frankfurt vor den Zug gestoßen wurde, war kein Lernen und Erkenntnisgewinn aus seinem Sterben gegönnt. Angesichts von Massakern, Erdbeben oder Tsunamis erscheint das Leid als zu verheerend, um ihm, über die Köpfe der Opfer hinweg, irgendeinen pädagogischen Nutzen zusprechen zu können.

Auch die Ästhetisierungsthese, dass erst durch das Leid und das Böse das Schöne und Gute erkennbar würden, ist nicht haltbar. Schon beim Blick auf die konkreten Formen des Leidens wird man mit der Tatsache konfrontiert, dass es für die betreffenden Personen vielfach keinen Zuwachs an ästhetischem Nutzen mit sich bringt. Die Ästhetisierungsthese mit ihrer impliziten Behauptung, die Welt wäre farbloser, langweiliger, weniger bunt und schön, „gäbe es nicht Vergewaltigungen, das Zu-Tode-Quälen von

---

[14] von Stosch, Theodizee (Anm. 8), 22.

Kindern, Auschwitz oder das Kreuz Christi"[15] disqualifiziert sich selbst.

3.3. Übel ontologisch als Abwesenheit des Guten erklären

Man betrachtet in diesem auf Augustinus zurückgehenden, ontologischen Zugang das Übel als eine „Beraubung" oder Abwesenheit des Guten („privatio boni")[16]. Das Böse existiert nach der Privationstheorie somit gar nicht. Leid sei als „Nichts" anzusehen, weil es der gute und allmächtige Gott gar nicht zulasse. Mit diesem gedanklichen Konstrukt wehrt man zwar eine dualistische Ontologie ab und sichert die Einheit des Seinsgrundes, nach dem scholastischen Grundsatz: „omne ens est bonum/pulchrum"! (Alles Seiende ist gut/schön!). Im Blick auf die Bearbeitung realen Leids versagt dieser Ansatz auf ganzer Linie. Leiden ist real mit allen Fasern des Leibes und der Seele schmerzhaft spürbar. Es einfach als nicht existent zu erklären, gleicht der Aufforderung zur Selbstsuggestion, einem empathielosen Taschenspielertrick. Die Privationsthese wirkt realitätsfern, trägt weder zur Lösung des Theodizeeproblems noch zur Bewältigung des je konkreten Leids bei. Die Frage „Warum lässt Gott diese schmerzhafte Beraubung des Guten zu?" bleibt unbeantwortet. Dennoch kommt hier wenigstens peripher die irritierend vernachlässigte Frage nach dem Woher des Guten[17] in den Blick.

---

15 Ludger Oeing-Hanhoff, Metaphysik und Freiheit. Ausgewählte Abhandlungen, hrsg. von Theo Kobusch und Walter Jaeschke, München 1988, 85.

16 „Malum est nihil nisi privatio boni." Aurelius Augustinus, De civitate Dei XI, 22, zit. n. von Stosch, Theodizee (Anm. 8), 168, Anm. 16.

17 Vgl. Kessler, Das Leid in der Welt (Anm. 3), 44.

3.4. *Auf einen Ausgleich im Jenseits verweisen*

Es gibt in der klassischen Theologie einen weiteren Versuch, das Leiden zu entschärfen und zu verharmlosen – durch den Blick auf das Jenseits. Man verweist hier auf das Ziel jedes Menschenlebens und die damit verbundene Verheißung einer ausgleichenden Gerechtigkeit. Es gäbe demnach im Leben kein Leiden, das nicht in der Ewigkeit von Gott belohnt und wiedergutgemacht würde. Der Gedanke einer eschatologischen Hoffnung auf die Verwandlung des Leidens, auf die Rettung durch Gott im Tod, ist für die Bearbeitung des Theodizee-Problems nicht einfach von der Hand zu weisen. Ohne diesen Glauben bliebe vielen Menschen nur die Verzweiflung. Allerdings ist zu bedenken, dass es sich hier um eine postmortale Versöhnung mit dem Leid handelt. Die Frage bleibt bestehen: Warum hat Gott die Menschen nicht von vornherein in diesen angezielten, versöhnten Zustand hinein erschaffen? Das Diesseits mit seinem oft abgrundtiefen Leid erscheint – vor dem Hintergrund des alles entscheidenden Wirkens Gottes im Jenseits – als bedeutungsloses, überflüssiges Vorspiel des eigentlichen Lebens im Jenseits. Der Wert des leidvollen Lebens im Diesseits wird offensichtlich erst im Jenseits sichergestellt.

Diesen Eindruck können auch der Kirchenvater Irenäus von Lyon (um 135–202)[18] und die darauf aufbauende Denktradition nicht beheben, wenn sie das Übel hier in einen sich postmortal fortsetzenden Seelenbildungsprozess dort integrieren. Nur in diesem irdischen Leben, nur in einer Welt mit Schmerz und Leid, gebe es Bedingungen, sich frei für oder gegen Gott zu entscheiden. Damit wird zwar verständlich, warum uns Gott nicht in die leidfreie ewige Seligkeit hinein erschafft. Allerdings wäre dieser Prozess der Persönlichkeitsreifung auch mit weniger Leid denkbar.

---

[18] Vgl. John Hick, Evil and the God of love. Reissued with a new preface, Houndmills – London 1985; Armin Kreiner, Gott im Leid. Zur Stichhaltigkeit der Theodizee-Argumente (QD 168), Freiburg – Basel – Wien 1997.

3.5. Zwischen-Bilanz: Keine Lösung des Theodizee-Problems durch Funktionalisierung des Leids!

Die bisherigen Überlegungen legen einerseits nahe, dass es, aus der Sicht des Einzelnen, in bestimmten Situationen Leiden geben kann, das einem höheren Gut dient, erzieherischen Wert hat, die Wahrnehmung des Guten erleichtert und eine Reifung der Person bis hinein in einen postmortalen Selbstbildungsprozess ermöglicht. Die Versuche, Gottes Verantwortung für das Leid in der Welt durch Verharmlosen und Bonisieren des Übels generell zu entschärfen, können keinen durchwegs gangbaren Weg aufzeigen. Diese Ansätze nehmen vielfach das Leid anderer in Anspruch, um daraus Nutzen für die Menschheit abzuleiten. Eine solche Funktionalisierung fremden Leids verfehlt die Achtung vor der Unantastbarkeit und Sakralität der Person, die nicht zum Mittel für irgendetwas anderes gemacht werden darf.

Somit lässt sich aus den bisher bedachten Antwortversuchen als Konsequenz ziehen, dass Klärungen der Frage nach Gott im Leid so beschaffen sein müssen, dass sie die vom Leiden betroffene Person für sich selbst übernehmen kann. Des Weiteren: Es darf nicht jedes Leiden als sinnvoll deklariert werden. Die Existenz des absurden Leidens zu leugnen oder mit Jenseitsvertröstung leichtzunehmen, ist als zutiefst unchristlich abzulehnen. Man würde sonst die Opfer unsolidarisch im Stich lassen. Allerdings: Auch eine Diesseitsvertröstung ist nicht unbedingt solidarischer.

4. Lösungsversuche durch eine neue Sicht auf die Eigenschaften Gottes

Wenn man sich einen Text wie den von Laktanz vor Augen hält, kommt man bei der Theodizee nicht an den Eigenschaften Gottes vorbei. Sie werden heute zum Teil anders gedacht als traditionell üblich. Drei Prädikate Gottes stehen infrage: seine Allgüte, Allmacht und Allwissenheit.

4.1. *Anfragen an das Prädikat „Allgüte"*

Am leichtesten ließe sich die Frage „Woher das Leid?" lösen, wenn man Abstriche bei der Allgüte Gottes macht, ihm also zutraut, dass er „zu unvorhersehbaren Zeiten Böses, bzw. Übles tut"[19]. Sinnloses Leiden könnte dann aus der dunklen und bösen Seite Gottes resultieren. Dies liegt nicht ganz fern von der in Theologie und Pastoral nicht selten geführten Rede, man dürfe Gott nicht auf die menschlichen Vorstellungen von Güte und Liebe allein reduzieren, ihn nicht zu einem uns passenden „Kuschelgott" verniedlichen. Die Schrecken über Gott, die in den biblischen Geschichten anklingen, dürften ebenso wenig wie seine unzugänglichen und unverständlichen Seiten, die in seiner Verborgenheit liegen, banalisiert oder ausgeblendet werden. Es gelte Gott als den ganz anderen, der nicht nahtlos zu unseren Interessen passt, zu begreifen. Allerdings ist dann nicht immer zu erkennen, wie eine solche Gottesvorstellung sich in die Grundintentionen des Judentums und Christentums einfügen soll.

Wenn das Erdbeben von Lissabon (1775), das eine Initialzündung für den neuzeitlichen Protestatheismus auslöste, wenn Auschwitz, Hiroshima und Nagasaki, der Völkermord in Ruanda, der Hurrikan Dorian auf den Bahamas (2019) Folgen der dunklen Seite Gottes, seines schreckenerregenden Wesens sind, dann ist diesem janusköpfigen Gott nicht länger zu trauen. Dann ist er – nach menschlichen Maßstäben – nicht nur missgünstig, sondern bösartig, von einer pathologischen Lust getrieben, Menschen zu quälen.[20] Es verwickelt den Gottesglauben in einen unlösbaren Widerspruch, wenn man das Leiden in der Welt unmittelbar auf böse oder dunkle Seiten in Gott zurückführt.

Es lag und liegt deshalb nahe, das Böse in Gott abzuspalten, und es als Gegengott oder Teufel zu denken. Damit landet man allerdings bei einem Dualismus, der mit dem christlichen Glauben kaum vereinbar ist. Einem bösen Gott wäre alles sinnlose Leiden, einem guten Gott alle erfreulichen Widerfahrnisse zuzurechnen.

---

[19] David R. Blumenthal, Theodizee: Dissonanz in Theorie und Praxis. Zwischen Annahme und Protest, in: Concilium 34 (1998) 83–95, 86.

[20] Vgl. von Stosch, Theodizee (Anm. 8), 42.

Damit gäbe man die Einheit und Einzigkeit Gottes, den Monotheismus, preis; zugleich auch die Allmacht Gottes, da es sich nun um zwei gleichmächtige Götter handelte.

In der Theologiegeschichte gab es durchaus Tendenzen zu einem solchen radikalen Dualismus.[21] Räumt man im Zuge eines gemäßigten Dualismus dem bösen Prinzip weniger Macht ein und hält grundsätzlich an der Allmacht eines guten Gottes fest, ist für die Klärung des Theodizee-Problems wenig gewonnen. Die Frage ist auch hier unabweisbar: Warum gesteht der gute Gott dem bösen Prinzip so viel Macht zu? Ein gewisser Vorteil könnte darin liegen, dass man den Teufel als Verführer zum „malum morale" erklärt, um den Menschen nicht zum Verantwortlichen für das Böse stempeln zu müssen, sondern als einen, der nur nachgibt, wenn er Böses tut. Damit steht jedoch in Zweifel, wie es um den Menschen, seine Autonomie und Humanität bestellt ist, wenn er in entscheidenden Situationen ein nur nachgebendes Wesen ist.

Die Frage bleibt: Warum hat Gott ein so einflussreiches, böses Wesen geschaffen? Bei allen Spielarten des Dualismus liegt die Verantwortung für das Böse und das Übel – rational betrachtet – bei Gott. Es muss erklärt werden, warum ein guter Gott die Auswirkungen des ihm untergeordneten und von ihm abhängigen Bösen zulässt. Allerdings ist von der Vernunftlogik her ins Feld zu führen, dass ein vollkommen guter Gott nicht notwendigerweise eine ebenso vollkommene Welt und Menschheit schaffen muss. Sie sind ja nicht Gott.

4.2. Anfragen an das Prädikat „Allmacht"

Die radikalste Variante dieses Lösungswegs nimmt an, dass Gott im Zuge der Erschaffung der Welt seine Allmacht gänzlich aufgegeben hat. So vertritt beispielsweise Hans Jonas (1903–1993), dessen Mutter in Auschwitz ermordet wurde, die Auffassung, dass Gott dort nicht eingreifen konnte, nicht weil er nicht wollte, sondern weil er „für eine Zeit – die Zeit des fortgehenden Weltprozes-

---

[21] Man denke an Marcion (um 85–160) und Mani (216–276). Vgl. von Stosch, Theodizee (Anm. 8), 43.

ses – sich jeder Macht der Einmischung in den physischen Verlauf der Weltdinge begeben hat“[22].

Allerdings müsste Gott seine Souveränität nicht erst ab einem bestimmten Zeitpunkt, sondern von Anfang an freiwillig aufgegeben haben. Er dürfte auch die Welt nicht in einem freien Akt der Schöpfung aus dem Nichts erschaffen haben. Denn dann bleibt er als freier Urheber der Welt auch für die Leiden in dieser Welt verantwortlich. Es bleibt ihm anzulasten, dass er diese Welt so konzipiert hat und er nicht die Macht besitzt, in diese Welt einzugreifen.

Etwas von der Selbstbegrenzung Gottes in seiner schöpferischen Allmacht ist auch in der These von Gottfried Wilhelm Leibniz (1646–1716) enthalten, dass wir in der besten aller möglichen Welten leben, oder – etwas abgewandelt – dass keine bessere Welt als unsere gedacht werden könne.[23] Der naturwissenschaftlich angereicherte Grundgedanke ist dabei, dass die Entstehung des Menschen und die Entwicklung seiner Freiheit nur in einem Universum möglich sind, das exakt jene Naturgesetze und -konstanten enthält, die auch das malum physicum bewirken. Auch wenn jeder sich eine bessere Welt vorstellen kann – ohne Naturkatastrophen, Pandemien, Tumore, Behinderungen oder Artensterben –, führen solche Überlegungen, zu Ende gedacht, nicht immer zu dem gewünschten Ergebnis. Ist es tatsächlich ein Fortschritt, wenn Menschen auf dieser Erde eines Tages, mit Hilfe der medizinischen Technik 150 oder gar 200 Jahre alt werden? Die dann eintretende Überbevölkerung der Erde mag man sich gar nicht vorstellen. Naturwissenschaftlich lernt man immer mehr die Gesetzmäßigkeiten dieser Welt als komplizierte, wechselseitig vernetzte Zusammenhänge zu begreifen, bei denen jeder Eingriff zu Folgen im Gesamtsystem führt.

Naturwissenschaftler äußern sich skeptisch gegenüber der Möglichkeit einer Welt mit weniger leiderzeugenden Gesetzmä-

---

22 Hans Jonas, Der Gottesbegriff nach Auschwitz. Eine jüdische Stimme, Frankfurt a. M. 1987, 41 f.

23 Vgl. Hermann Stinglhammer, „Die beste aller Welten?“ Kann man angesichts von Katastrophen noch an einen guten Schöpfer glauben?, in: Mendl/Schwienhorst-Schönberger/Stinglhammer, Wo war Gott, als er nicht da war? (Anm. 7), 29–59.

ßigkeiten. Sie sprechen von einem *„anthropischen“*, auf den Menschen ausgerichteten Prinzip im gesamten evolutionären Prozess. Die Feinabstimmung des Universums und die dadurch ermöglichte Evolution durften an keiner Stelle gestört werden, wenn menschliches Leben möglich werden sollte. Im Hintergrund steht die Entdeckung, dass Biogenese und Anthropogenese nur in einem Universum sich ereignen konnten, das exakt bestimmte physikalische Werte, spezifische Ausgangsbedingungen, bestimmte Naturgesetze und -konstanten (wie z. B. das Plancksche Wirkungsquantum h) aufweist. Sie sind es, die zugleich für das „malum physicum“ verantwortlich sind.[24]

Zum gleichen Ergebnis kommt man, wenn man vom Zufallsprinzip der Evolution ausgeht. Im Ausprobieren der unbestimmten Möglichkeiten bringt sie auch lebensuntüchtige, leiderzeugende Formen hervor. Die evolutiven Grundprinzipien der Variabilität und Selektion bilden die Quelle des mannigfachen physischen Leidens der belebten Natur. So ist eine Welt entstanden, in der die Bedingungen des Leidens zugleich die Bedingungen des größeren Guten sind. Leiden, Schmerzen und Tod erscheinen so als „der unvermeidliche Preis für höher organisiertes Leben“[25].

Die nicht determinierte Struktur der Welt bietet die Bedingung der Möglichkeit von menschlicher Autonomie, von Freiheit und von Selbststand der Schöpfung. Leiden ist als Nebenprodukt, als der Preis dieser Freiheit anzusehen. Dies alles ist nur denkbar, wenn Gott sich in seiner Allmacht zurücknimmt und sich an Naturgesetze, Evolution und anthropisches Prinzip bindet. Es bleibt jedoch festzuhalten, dass auch eine so verstandene, den Menschen freisetzende Allmacht Gottes keine Lösung des Theodizeeproblems bietet. Denn auch die Freisetzung eines unabhängigen, dem Leid ausgelieferten und Leid schaffenden Wesens hat Gott zu verantworten.

---

[24] Vgl. Kreiner, Gott im Leid (Anm. 18), 373; von Stosch, Theodizee (Anm. 8), 63. Siehe zu den naturwissenschaftlichen Zusammenhängen auch: Harald Lesch, Was hat das Universum mit mir zu tun? Nachrichten vom Rande der erkennbaren Welt, München 2019.

[25] Hans Kessler, Gott und das Leid seiner Schöpfung. Nachdenkliches zur Theodizeefrage, Würzburg 2000, 91.

4.3. Anfragen an das Prädikat „Allwissenheit"

Die Frage nach Gottes Allwissenheit[26] entzündet sich daran, ob Gott schon bei der Erschaffung der Welt das ganze Ausmaß der Leidensgeschichte kannte, bzw. um diese Möglichkeit wusste. Wenn Gott alles Leiden vorherwissen konnte, dann müsste man von ihm verlangen können, auf die Erschaffung der Welt zu verzichten, wenn darin Katastrophen wie Auschwitz geschehen können. Wusste er davon nichts, dann könnte man leichter an einen guten Gott glauben und müsste ihm die Erschaffung der Welt nicht vorwerfen. So wie Gottes Allmacht nicht ausschließt, Autonomie und Freiheit des Menschen zu respektieren, könnte auch Allwissenheit von Gott ausgesagt werden, wenn er um der Freiheit der Menschen willen sich in seinem Vorherwissen zurücknimmt, sich so an die von ihm geschaffene Zeit bindet, dass die Zukunft, nicht nur für den Menschen, sondern auch für ihn offen ist.

5. Vom Scheitern der theoretischen Theodizee zur Perspektive des persönlichen Transzendenz-Glaubens

Für den Protestatheismus bedeutet eine Argumentation, bei der man die Prädikate der Allgüte, Allmacht und des Allwissens Gottes modifiziert und relativiert, die Preisgabe, ja die Negation der Existenz dieses Gottes als etwas Absolutes und Unbedingtes. Hält man dennoch an der Existenz Gottes fest, so der Einspruch, ist dies nicht mehr mit der Logik der Vernunft vereinbar, vielmehr begibt man sich auf das Gebiet der Spekulation bzw. in den besonderen Bezugsrahmen des Glaubens. Verzichtet man allerdings angesichts des Leidens auf die „Hypothese" Gott, wie es der Protestatheismus tut, ist man nicht besser dran. Man gibt jede Hoffnung auf eine Rettung der Leidenden im Tod auf. Sie wird zur Illusion erklärt. Der Leidende wird ein für alle Mal allein gelassen.

Die Frage „Was hat Gott mit dem Leid des Menschen zu tun?" kann offensichtlich auf der Ebene der theoretischen Vernunft nicht

---

26 Vgl. von Stosch, Theodizee (Anm. 8), 49–55.

logisch eindeutig beantwortet werden. Das Projekt der Theodizee, die Rechtfertigung Gottes, scheitert, wie im Übrigen auch Immanuel Kant[27] bestätigt. Weder die bonisierende Umdeutung der Übel, noch die Neu-Interpretation der Prädikate Gottes weisen einen überzeugenden Ausweg. Es scheint intellektuell nicht möglich, die Frage, ob das Dasein trotz des Leids, bei Existenz oder Nichtexistenz Gottes, als zustimmungswürdig anerkannt werden soll, zu entscheiden. Dazu fehlen die objektivierbaren Argumente, sowohl für Theisten wie Atheisten. Sie befinden sich hier offensichtlich in einer Pattsituation.

Das Scheitern der Theodizee liegt vor allem daran, dass man die Vernunft verabsolutiert, ihr eine Art „Vogelperspektive"[28] zuweist und damit von außen her Gott und die Welt erklärt und beurteilt. Nicht ohne Denkfehler! So ist, wie bereits angedeutet, aus der Prämisse der Vollkommenheit Gottes keineswegs abzuleiten, dass auch Universum, Welt und Mensch als Schöpfung Gottes vollkommen sein müssen. Sie sind nicht Gott. Man könnte ihn sich nur als narzisstischen Abgott vorstellen, wenn Gott nichts anderes im Sinn hätte als sich selbst im Spiegel einer vollkommenen, harmonischen Welt ohne Widersprüche, Gegensätze und Rätsel anzuschauen.[29] In der vernunftgeleiteten Theodizee verfügt man über Gott, legt ihn sich gedanklich zurecht und denkt ihn doch lediglich in immanenten, anthropomorphen Kategorien und nicht in seiner Transzendenz und Andersheit. Für die Frage nach Gott im Leid scheint ein exklusiver Zugang über eine beweisführende Vernunft offensichtlich nicht ausreichend. Insbesondere fokussiert man sich – dem Kanon des rein Rationalen folgend – auf einen „Gott der Philosophen"[30], der fern, beziehungslos und fremd dem Menschen gegenübersteht.

---

27 Immanuel Kant, Über das Mißlingen aller philosophischen Versuche in der Theodizee (1791), in: Walter Sparn (Hg.), Leiden – Erfahrung und Denken. Materialien zum Theodizeeproblem, München 1980, 50–59.

28 Kessler, Das Leid in der Welt (Anm. 3), 20.

29 Tomáš Halík, Berühre die Wunden. Über Leid, Vertrauen und die Kunst der Wandlung, Freiburg i. Br. 2017.

30 Blaise Pascal, Über die Religion und einige andere Gegenstände (Pensées), zit. n. Anselm Grün, Gott, wenn es dich gibt. Große Glaubenserfahrungen – von Augustinus bis Dorothee Sölle, Gnadenthal 2010, 85.

Mit dem Gottesbild Jesu, wie ihn Christen vor Augen haben, hat das Gottes-Konstrukt der Theodizee nur wenig zu tun. Man müsse, so Immanuel Kant, über die theoretische Vernunft hinausgehen, auf eine „authentische Theodizee" hoffen und sich seiner praktischen Vernunft bedienen.[31] Im Mittelpunkt der Abwägung steht hier das Subjekt, die einzelne Person. Sie hat mit den ihr eigenen Kriterien – bei Christen sind es Kriterien des Glaubens – existenziell zu erarbeiten und zu entscheiden, ob das Dasein, trotz des Leids zustimmungswürdig ist. Man könnte eine solche praktische Vernunft auch als eine intuitive, aus der Mitte der Person heraus sich biografisch entwickelnde Tiefenerfahrung kennzeichnen. Blaise Pascal bringt es schlicht und einfach auf den Punkt: „Das Herz hat seine Gründe, die die Vernunft nicht kennt."[32] Es käme dann darauf an, Gott in seiner Weise gut, mächtig und wissend sein zu lassen, seine Unbegreiflichkeit auszuhalten, sich mit Annäherungsversuchen zu begnügen, wie es das Augustinuswort nahelegt: „Wenn du's begreifst, dann ist es nicht Gott; wenn du begreifen konntest, dann hast du etwas anderes für Gott gehalten."[33]

Die Frage nach Gott im Leid zu erörtern, ist demnach mit der Pattsituation in der Theodizee-Debatte nicht erledigt. Sie ist vielmehr weiterzuführen in einem Referenzrahmen des je persönlichen Transzendenzglaubens und seiner Logik der praktischen Vernunft. Es geht dabei weniger um Erklärung des Leidens, als vielmehr um spirituelle Wege in der Bewältigung des Leids. Dazu ist zunächst das Prädikat der Allmacht Gottes einer ‚relecture', von einer jesuanischen Logik des Glaubens her, wo die Gott-Mensch-Beziehung im Zentrum steht, zu unterziehen.

---

31 Vgl. Kessler, Das Leid in der Welt (Anm. 3), 39; von Stosch, Theodizee (Anm. 8), 118–120.

32 Pascal, Über die Religion und einige andere Gegenstände (Anm. 30), 86.

33 Aurelius Augustinus, Sermo 52,6,16, zit. n. Kessler, Das Leid in der Welt (Anm. 3), 80.

6. Allmacht, die Freiheit und Beziehung ermöglicht

Bei Sören Kierkegaard (1813–1855) begegnet eine sehr bedenkenswerte Deutung der Allmacht Gottes. Das Höchste, was für ein menschliches Wesen getan werde könne, sei, es frei zu machen. Dazu brauche es Allmacht. Dazu gehöre, sich in der schöpferischen Allmacht wieder zurückzunehmen, damit das durch die Allmacht Entstandene unabhängig werden kann. Nur die Allmacht könne sich zurücknehmen, in dem sie sich hingibt, verzichtet. Das ist Güte. „Denn Güte kann sich ganz hingeben, dergestalt indem man allmächtig sich selbst zurücknimmt, den Empfangenden unabhängig macht … Das ist das Unbegreifliche, dass Allmacht nicht bloß vermag, das Allerimposanteste, das sichtbare Weltganze, hervorzubringen, sondern auch das Allergebrechlichste hervorzubringen vermag: ein der Allmacht gegenüber, unabhängiges Wesen.“[34]

Allmacht ist damit nicht als eine ins Unendliche hinein gesteigerte menschliche Herrschaft zu verstehen, sie steht nicht als alles kontrollierende und beherrschende Supermacht im Hintergrund. Das wären menschliche Projektionen und Phantasieprodukte. Die hier gemeinte Allmacht zeichnet sich durch die Erschaffung von Wesen aus, die selber mächtig sind und aus dieser Macht heraus in ein Freiheits- und Liebesverhältnis zu ihrem Schöpfer eintreten können. Man kann nichts Größeres denken als die Fähigkeit, ein Gegenüber zu völliger Eigenständigkeit zu ermächtigen. Diese göttliche Allmacht ist eine Macht, die aus einem liebenden Beziehungswillen heraus den Menschen in Freiheit setzt und ihm eine liebende Antwort ermöglicht. Die wechselseitige Gott-Mensch-Beziehung bildet somit den Angelpunkt aller Antwortversuche auf die Frage nach Gott im Leid aus der Perspektive des persönlichen Glaubens.

---

[34] Sören Kierkegaard, Gesammelte Werke 17. Abteilung: Eine literarische Anzeige, Düsseldorf 1954, 124.

6.1. *Leiden als Preis der Liebe und Willensfreiheit?*

Um Freiheit des Menschen und seine liebende Antwort zu gewinnen, bleibt Gott keine andere Wahl, als diese Freiheit absolut zu respektieren, auch im Falle ihres Missbrauchs. Nur unter der Voraussetzung dieser Freiheit kann Gott wechselseitige Liebe zwischen Schöpfer und Geschöpf realisieren. Die vom Menschen verursachten Verfehlungen der Freiheit und die daraus resultierenden (moralischen) Übel sind dann als Preis der Freiheit anzusehen. Gottes Entschluss, Freiheit zu wollen und um Freiheit zu werben, um Liebe zu ermöglichen, wäre somit die ultimative Begründung für das Leiden in der Welt.

Bei der Freiheit, verstanden als Willensfreiheit, geht es nicht um eine austauschbare Fähigkeit des Menschen, sondern um ein konstitutives, schlechterdings unverzichtbares Merkmal, untrennbar verknüpft mit der Last des Leidens. Die Frage, ob die Willensfreiheit den Preis des Leidens wert ist, ist zugleich die Frage, ob es gut ist, dass es Welt und Menschen gibt. Ist es akzeptabel, dass Gott menschliches Leben und Geschöpfe schafft, zu denen er sich in ein Freiheitsverhältnis setzt, sie aber zugleich dem Leiden ausliefert? Muss man Gott nicht die Erschaffung von Menschen vorwerfen, wenn die Übel unabweisbar zu ihrer Natur gehören?[35] Arthur Schopenhauer wird als Kronzeuge dieser Position angeführt. Der Zustand des Menschen, so seine Einschätzung, sei „als so elend anzusehen, dass gänzliches Nichtseyn ihm entschieden vorzuziehen wäre.“[36] Er würde gern „den verstocktesten Optimisten in die Krankenspitäler, Lazarethe, Marterkammern, Gefängnisse, Sklavenställe, über Schlachtfelder und Gerichtstätten“ führen, ihn „in die finsteren Behausungen des Elends“ und „in den Hungerturm blicken lassen“, ob er auch dann noch von der Güte dieser Welt überzeugt sei.[37]

Ohne Zweifel verliert das Argument von der Willensfreiheit und eines umfassenden Sinns im menschlichen Leben durch das

---

35 Vgl. von Stosch, Theodizee (Anm. 8), 97.

36 Arthur Schopenhauer, Die Welt als Wille und Vorstellung, Bd. 1, Zürich 1988, 422.

37 Ebd. 423.

erschreckende Übermaß an Leid in der Welt viel an Überzeugungskraft. „Kann es wirklich einen Wert geben, der so unendlich viel Leiden rechtfertigt? Zieht nicht jede Bejahung dieser Frage den Verdacht nach sich, das unermessliche Leiden ungezählter Opfer im Namen eines Wertes zu akzeptieren, in dessen Genuss die Opfer niemals gelangten?“[38] „Ist ein Gott glaubwürdig, der Auschwitz aus ‚Liebe‘ mit ansähe, nur weil er die ‚Freiheit‘ des Menschen respektiert? Auschwitz – ‚ein Preis der Liebe‘? Ein solcher Gott wäre“, mit den Worten Karl-Josef Kuschels gesprochen, „unter dem ethischen Niveau eines jeden Vaters, einer jeden Mutter, die zwar auch die Freiheit ihres Kindes respektieren, aber alles täten, was in ihrer Macht stünde, geriete das Kind in Situationen himmelschreienden Unglücks oder würde es selber zum Produzenten solcher Zustände“.[39]

In der Tat: Nichts kann Auschwitz rechtfertigen. Es darf dafür keine Rechtfertigung geben. Dennoch sollte man gerade auch angesichts der Zeugnisse Überlebender des Holocaust vorsichtig sein mit einer Festlegung auf die Frage, ob es nicht auch in Auschwitz, in all dem unsäglichen Leid ein Ja zur Liebe und zum Leben, in Resonanz und Spiegelung göttlicher Empathie, gab. Viktor Frankl (1905–1997) berichtet in seinem Testament an seine Frau, er habe im KZ täglich und stündlich von ihr gesprochen. Er habe niemanden mehr geliebt als sie. „Die kurze Zeit mit ihr verheiratet zu sein, dieses Glück hat alles aufgewogen, auch was wir hier jetzt erleben mussten.“[40] An den polnischen Franziskaner-Minorit Maximilian Kolbe (1894–1941) ist zu erinnern, der bei einer Strafaktion der KZ-Aufseher, wo jeder zehnte Gefangene hingerichtet werden soll, verschont bleibt. Aber dann tritt er aus der Reihe und erklärt sich bereit, für einen Familienvater in den Tod zu gehen. Ein Ja zur Nächsten-Liebe, zum Leben und zum Sterben, in Frei-

---

38 Kreiner, Gott im Leid (Anm. 18), 261.

39 Karl-Josef Kuschel, Ist Gott verantwortlich für das Übel? Überlegungen zu einer Theologie der Anklage, in: Fuchs (Hg.), Angesichts des Leids an Gott glauben? (Anm. 10), 227–261, 244.

40 Viktor E. Frankl, … trotzdem ja zum Leben sagen. Ein Psychologe erlebt das Konzentrationslager, München 1977, 92.

heit gesprochen, verankert in einer Gottesbeziehung, am Ende einer langen Kette von persönlichkeitsformenden Entscheidungen.

6.2. *Willensfreiheit in subjektformenden Entscheidungen*

Bei der Willensfreiheit geht es um Entscheidungen, die nicht durch einen genetischen Code, Erziehung oder äußere Umstände vorherbestimmt sind. Diese im Theodizee-Diskurs so zentrale Willensfreiheit wird heute insbesondere von Vertretern der Neurowissenschaft wie Gerhard Roth[41] infrage gestellt. Alle mentalen, vermeintlich selbstbestimmten Phänomene seien auf neuronal festgelegte Abläufe zurückzuführen, sind also durch das Gehirn verursacht. Eine davon unabhängige Selbstbestimmung durch einen freien Willen gebe es nicht, sie sei eine Selbsttäuschung. Die in diesem Zusammenhang immer wieder zitierten Libet-Experimente[42], bei denen das Heben des Zeigefingers stellvertretend für jedwede Willensentscheidung steht, wirkt trivial. Geht es doch letztlich um biografische, zwischenmenschliche, ethische und politische Entscheidungsprozesse, die um einiges komplexer sein dürften. Zu ihnen trägt dieser empirische Forschungsansatz kaum bei. Die hier gemeinte Freiheit ist weniger auf punktuelle Situationen bezogen, sondern auf längerfristige, personale Entwicklungsprozesse.

Klaus von Stosch spricht in Anlehnung an Robert Kane von „subjektformenden Entscheidungen“[43], in denen sich Akte der Willensfreiheit konstituieren und vorbereiten. An Martin Luthers angeblichen Ausspruch vor dem Wormser Reichstag „Hier steh ich, ich kann nicht anders!“ lässt sich das exemplarisch verdeutlichen. Seine aktuelle Alternativlosigkeit ist in einem langen Reifungsprozess begründet, in dem er eine Reihe von Handlungsal-

---

41 Gerhard Roth, Fühlen, Denken, Handeln. Wie das Gehirn unser Verhalten steuert, Frankfurt a. M. 2001, 445.

42 Benjamin Libet, Do we have free will?, in: Ders. / Anthony Freeman / Keith Sutherland (Hg.), The Volitional Brain. Towards a neuroscience of free will, Thorverton 1999, 49–57.

43 von Stosch, Theodizee (Anm. 8), 76.

ternativen hatte und wählte. Er hat demnach durch vorausliegende Entscheidungen seinen Charakter so geformt, dass er in der Situation von Worms gar nicht mehr anders konnte als sich nach dem von ihm gewählten Profil zu verhalten. Mit solchen „subjektformenden Entscheidungen“ bestimmt eine Person selbst, was für ein Mensch sie werden will. Nimmt man die Freiheit eines Menschen nicht punktuell, sondern in einer langfristigen Perspektive, mit einer Reihe von subjektformenden Entscheidungen, in Blick, wird man Freiheit in Anbetracht der vielen alternativen Handlungsmöglichkeiten annehmen dürfen.

Ob Freiheit im Sinne alternativer Möglichkeiten immer gegeben ist, auch bei vorausgehenden persönlichkeitsbildenden Entscheidungen, ist letztlich nicht zu beweisen, aber auch nicht zu widerlegen. Ob ein Suchtkranker oder Suizidant je die Möglichkeit hatte, seiner psychischen Veranlagung gegenzusteuern, Kontrolle über sein Verhalten auszuüben, muss folglich offenbleiben. So bleibt nichts anderes als für jeden Menschen ein nicht nachweisbares, aber auch nicht widerlegbares, nicht völlig reduzierbares Moment von freier Willensaktualisierung zu postulieren. Die Alternative hieße, ihn umfassend determiniert und kontrolliert durch Gene, Umwelt und willentlich nicht beeinflussbare neuronale Prozesse zu charakterisieren. Die Intuition spricht für die Existenz der Willensfreiheit. Wir unterstellen Freiheit, wenn wir respektvoll miteinander kommunizieren, wenn wir annehmen, dass wir nicht Opfer von zwanghaft ablaufenden Interaktionen sind, wenn wir nach moralischen Kategorien handeln oder kreativ-schöpferisch tätig sind. So erscheint es legitim, Leiden als Preis der Willensfreiheit in Erwägung zu ziehen. Allerdings ist nicht von der Hand zu weisen, dass menschliche Autonomie und Selbstbestimmung nie als absolut und grenzenlos zu verstehen sind. Jeder Bürger gibt in der Wahlkabine einen Teil seiner Souveränität ab. Über Geburt und Lebensdauer bestimmt er nicht selbst. Aber womöglich gehört es zur wahren Selbstbestimmung, sich vom Geheimnis seines Lebens fremdbestimmen zu lassen.

7. Mitleiden Gottes – Im Leid nicht allein gelassen!

In einer spirituellen Logik gewinnt, neben Freiheit und Gott-Mensch-Beziehung, auch der Gedanke des Mitleidens Gottes besonderes Gewicht. Er wird möglich vor dem Hintergrund der Neu-Interpretation der Allmacht Gottes, wie sie Sören Kierkegaard angestoßen hat. Ein Gott, der sich seiner Allmacht entledigt, baut zu dem in die Autonomie gesetzten Menschen eine in Freiheit gewählte Liebesbeziehung auf. Zu dieser Beziehung gehört unverzichtbar die Empathie mit den Leidenden. Bestätigt wird diese Qualität der Gottesnähe für Christen in dem zentralen Glaubensinhalt vom Leiden und Sterben Jesu Christi. Es wird so gedeutet, dass hier Gott selbst mit den Leidenden leidet. Das Leiden der Menschen würde zur Christus-Nachfolge und verliere damit seinen anstößigen Charakter. Diese Einschätzung des Leidens ist in der christlichen Spiritualität tief verankert und hat existenziell vielen Menschen geholfen, ihr Leid durchzutragen. Man denke beispielsweise an die in Auschwitz ermordete Jüdin und Christin Edith Stein, die in ihrem Testament schreibt, sie sei bereit, dem Tod, „‚den Gott mir zugedacht hat', zuzustimmen und darin das Kreuz [Christi / I. B.] selbst zu begrüßen, ja es gerade im Zeichen des Verbrechens unmissverständlich zu erkennen"[44]. Man kann in ihrer Sicht annehmen, das Leid sei nicht mehr prinzipiell sinnlos, weil in ihm eine Begegnung, ein „Einswerden" mit dem leidenden und auferstandenen Christus stattfinde.

Rein logisch betrachtet, stellt dies allerdings keine verallgemeinerbare Antwort auf das Theodizee-Problem dar. Christi Mitleiden kann in seiner sinnstiftenden und tröstenden Kraft nur subjektiv erfahren, nicht „allgemein vernünftig" begründet werden. Denn auch wenn Gott sich noch so sehr mit dem Leidenden solidarisiert und sich von dessen Leid betreffen lässt, bleibt unbeantwortet, wieso er diese Welt so leidvoll eingerichtet hat. Zudem ist, mit den Worten Karl Rahners gesprochen, nicht zu sehen, wie es mir in „meinem Dreck und Schlamassel und meiner Verzweiflung" helfen soll, „wenn es Gott – um es einmal grob zu sagen –

---

[44] Hanna-Barbara Gerl-Falkowitz, Edith Stein (1891–1942): Heiligkeit durch Sühne, in: zur debatte 4/2019, 21–22, 21.

genauso dreckig geht“[45] wie mir. Je mehr Gott leidet, umso größer wird die Gesamtmenge des Leidens. Dass Gottes Mitleiden keine passive, sondern aktiv kreative, das Leid überwindende Passion sein könnte, lässt immer noch die Fragen offen, warum er die Welt so erschaffen hat und warum er das Leid nicht früher, sondern erst postmortal überwindet. Gott in das Leiden mithineinzunehmen, steht in der Gefahr, es zu verdoppeln und zu verklären.

Auch wenn dieser Ansatz des Mitleidens Christi das Theodizee-Problem nicht löst, ist in ihm doch eine Richtungsanzeige enthalten. Hier wird eine Abkehr vom traditionellen Verständnis der Unveränderlichkeit Gottes erkennbar. Der Glaube an einen Gott, der apathisch und unberührt von der Leidensgeschichte der Menschen den Lauf dieser Welt betrachtet, der dem sinnlosen Leiden namenloser Unschuldiger zuschaut, ist nicht mehr haltbar. „Nur ein leidender Gott kann helfen!“[46], so schrieb Dietrich Bonhoeffer 1944 aus der tödlichen Haft und gab damit seinem Glauben Ausdruck, dass nur das Mit-Leiden Gottes menschliches Leiden von Grund auf heilen könne.

8. Richtungsanzeigen für eine leidsensible Rede von Gott

8.1. Ein empathischer Gott

Der biblische Gott passt mit dem Leid nicht so zusammen, dass er es will und zulässt, sondern dass er gegen es steht. Er ist ein leidsensibler Gott, der die Freigabe seiner Schöpfung respektiert und an der Überwindung und Heilung des Leids arbeitet. Der leidende Mensch ist Gottes Anliegen. Ihm werden ein offenes Auge, Ohr und Herz für die Not seines Volkes zugetraut. Ihm kann man in den Mund legen: „Ich habe das Elend meines Volkes in Ägypten gesehen … Ich kenne sein Leid“ (Ex 3,7). Er belässt es nicht beim Mitfühlen, sondern wird für die Leidenden aktiv: „Der Herr richtet alle auf, die gebeugt sind!“, so Ps 145,14. Das Buch der Weisheit

---

[45] Paul Imhoff / Hubert Biallowons (Hg.), Karl Rahner im Gespräch, Bd.1, München 1982, 245.

[46] Dietrich Bonhoeffer, Widerstand und Ergebung, München 1970, 394.

nennt ihn einen „Freund des Lebens“ (Weish 11,26). In Jesu heilend-befreiender Praxis ist das Einstehen Gottes gegen das Leid anschaulich geworden. Er stirbt im Kampf gegen das Leid. In Jesu Passion und Sterben ließ sich Gott aus Liebe in das menschliche Leid hineinziehen.

8.2. Gott als ultimativer Adressat für den Schrei nach Rettung

Die Rede von Gott angesichts des Leidens ist folglich weniger eine theoretische Erklärung für den Ursprung des Leids, sondern vielmehr ein „Schrei nach der Rettung … der ungerecht Leidenden, der Opfer und Besiegten in der Geschichte“[47], wie Johann Baptist Metz betont. Ohne Gott gäbe es für diesen Schrei keinen Adressaten, bliebe der Protest sinnlos. Wenn die Ursprungsmacht dieser Welt nicht absolut gut ist, wogegen richtet sich dann der Protest? Wirkt der Aufstand gegen das Leid nicht absurd, wenn er ungehört in den Weiten des Weltalls verhallt? Nur durch den Glauben an Gott erhält er einen letzten Sinn. Aus Protest gegen das Böse Gott aus dem Leben streichen zu wollen, mache die Sache noch schlimmer, so Karl Rahner. „Dann haben Sie eine abgründig böse und absurde Welt und sonst nichts.“[48]

Im Hinblick auf das Leiden Unschuldiger dürfe die Theologie keine alles versöhnende Antwort ausarbeiten, sondern müsse eine unablässige Rückfrage an Gott stellen. Der Theologie sei aufgegeben, hier einen „Hauch von „Unversöhntheit“, ein „Vermissungswissen“ und eine „eschatologische Unruhe“ zu bewahren. Ihr müsse anzumerken sein, dass sie noch etwas erwartet und sich nicht in der von so vielen Katastrophen heimgesuchten Gegenwart eingerichtet hat, so Johann Baptist Metz. Ziel sei nicht die Lösung des Theodizeeproblems oder die Antwort auf das Warum des Lei-

---

47 Johann B. Metz, Theologie als Theodizee?, in: Willi Oelmüller (Hg.), Theodizee – Gott vor Gericht?, 103–118, 104.

48 Karl Rahner, Politische Dimensionen des Christentums. Ausgewählte Texte zu Fragen der Zeit, hrsg. von Herbert Vorgrimler, München 1986, 96.

dens. Diese Frage könne allein von Gott beantwortet werden und sei dennoch unablässig an ihn zu stellen.

Die Theodizee-Frage ist folglich als die „offene Wunde“[49] dieser Welt auszulegen, und die Aufgabe der Theologie und des Glaubens ist es, das Überleben mit dieser offenen Wunde zu ermöglichen, nicht den Schmerz dieser Wunde zu lindern oder ihre Existenz zu leugnen. Sie offen zu halten, sei allemal besser als die narkotisierende Wirkung traditioneller Theodizee-Versuche.[50]

Das Buch Ijob liegt ganz auf dieser Linie. Ijob lässt sich durch die theoretischen Argumente der Freunde nicht davon abhalten, sich mit Gott auseinanderzusetzen und das Leiden klagend-anklagend vor Gott zu bringen. Er bekommt auch eine Antwort, eine freilich nicht hinreichende theoretische Antwort. Sie bringt ihn aber dazu, sich für die Begegnung mit Gott zu öffnen, aus der dann die sein Lebensschicksal wendende Antwort erwächst.

8.3. Die Verheißung von Rettung wachhalten

Zugleich darf man die Geschichtsmächtigkeit Gottes und die damit verbundene Hoffnung auf Rettung nicht aus dem Hier und Jetzt verbannen. Es gilt sensibel zu bleiben für die Spuren der göttlichen Wirklichkeit im je eigenen Leben. Spuren, die Hoffnung geben und ein ‚ja‘ zum Leben bestärken, ohne zugleich das Vermissen der Präsenz Gottes zu eliminieren. Glauben setzt auf die Überwindung und Verwandlung des Leids. Warum sollte diese Selbsteinschränkung Gottes zur Freigabe seiner Schöpfung nicht so zu verstehen sein, dass sie für die Frist der kosmischen und biologischen Evolution, für die Frist des individuellen Lebens gegeben ist?[51] Danach wäre sein rettender und verwandelnder Zugriff auf das menschliche Leid durchaus vorstellbar. Allerdings ist auch Zurückhaltung geboten, den menschlichen Zeitbegriff einfach auf Gott zu übertragen.

---

49 Vgl. Jürgen Moltmann, Trinität und Reich Gottes, Zur Gotteslehre, München 1980, 65.

50 Vgl. von Stosch, Theodizee (Anm. 8), 122.

51 Vgl. Kessler, Das Leid in der Welt (Anm. 3), 111.

8.4. *Zur Compassion mit den Leidenden aufgerufen*

Nach Auschwitz an Gott zu glauben, bedeutet in der Perspektive der Freiheit und dem damit ermöglichten liebenden Gottesverhältnis, die Ohnmacht Gottes angesichts menschlicher Verfehlungen auszuhalten und selber aktiv zu werden, damit die mit der Schöpfung verbundene Intention der Liebe Raum gewinnt. „Gott will Mitliebende!", so Johannes Duns Scotus (1265–1308). Wie Christen die Hoffnung auf die Präsenz der Liebe Gottes im Leid glaubwürdig leben und in die Tat umsetzen, davon dürfte wesentlich abhängen, ob andere einer solchen Bejahung zustimmen. Das konkrete Erleben und Bezeugen der Liebe Gottes in dieser Welt erscheint hier alles andere als unwichtig. Es vergegenwärtigt antizipativ den Grundzug von Gottes rettender und tröstender Antwort.

Damit ist nicht ein mirakulöses Eingreifen Gottes gemeint, sondern eher ist an ein Werben für menschliche Compassion und Solidarität zu denken. Es sind oft die kleinen Ereignisse, in denen etwas von den Werken der Barmherzigkeit aufscheint, in denen die Zusage von Mt 25,40 zeichenhaft Gestalt gewinnt: „Was ihr dem Geringsten meiner Brüder getan habt, das habt ihr mir getan!" Im vorbehaltlosen Helfen wird offensichtlich vorwegnehmend die Präsenz des Erhofften im Hier und Jetzt gegenwärtig. Es lässt erahnen, wie alle Sinnlosigkeit und Hass überwunden werden können. Weil solche Erfahrungen immer auch der Bestreitung ausgesetzt sind, so bleibt am Ende die Frage des sterbenden Romano Guardini im Raum: „Warum, Gott, zum Heil die fürchterlichen Umwege, das Leid der Unschuldigen, die Schuld?"[52]

9. Die Fragen leben

Jetzt könnte man das von Marcel Reich-Ranitzki arg strapazierte Brecht-Zitat aufrufen: „Wir stehen selbst enttäuscht und sehn be-

52 Kessler, Das Leid in der Welt (Anm. 3), 98.

troffen den Vorhang zu und alle Fragen offen."[53] Es ist nicht das letzte Wort zur Frage „Warum trifft Menschen Leid?" Sie ist für Christen nicht völlig offen. Gleichwohl gelingen ihnen allenfalls Bruchstücke von Verstehen. Sie bleiben, wie alle „Fragende und Gefragte"[54] zugleich. Nach dem Duktus der Überlegungen gebührt eher Rainer Maria Rilke das Schlusswort. Es findet sich in den Briefen an einen jungen Dichter:

„Leben Sie jetzt die Fragen.
Vielleicht leben Sie dann allmählich,
ohne es zu merken, eines fernen Tages
in die Antwort hinein."[55]

---

53 Bert Brecht, Der gute Mensch von Sezuan, Epilog (Der Spieler), in: Ausgewählte Werke in sechs Bänden. Zweiter Band: Stücke 2. Frankfurt am Main: Suhrkamp Verlag, 1997, 294.

54 Thomas Pröpper, Fragende und Gefragte zugleich. Notizen zur Theodizee, in: Harald Wagner (Hg.), Erinnern und Erkennen, Düsseldorf 1993, 61–72.

55 Rainer Maria Rilke, Briefe an einen jungen Dichter (1929), Köln 2009, 25.

Autorinnen und Autoren

Prof. Dr. Isidor Baumgartner, Ordinarius em. für Pastoraltheologie, Caritaswissenschaft u. Christliche Gesellschaftslehre an der Universität Passau

Prof. Dr. Johannes Brantl, Ordinarius für Moraltheologie an der Universität Trier

Dr. Bernhard Kirchgessner, Leiter des Exerzitien- und Bildungshauses Spectrum Kirche, des Diözesanen Zentrums für Liturgische Bildung und der KünstlerSeelsorge der Diözese Passau

Dr. Bernhard Klinger, Wissenschaftlicher Mitarbeiter am Lehrstuhl für Exegese und Biblische Theologie der Universität Passau, Dozent für Bibel-Hebräisch für das Propädeutikum am Priesterseminar St. Stephan Passau

Dr. Stefan Oster SDB, Bischof von Passau

Prof. Dr. Ludger Schwienhorst-Schönberger, Ordinarius für alttestamentliche Bibelwissenschaft an der Universität Wien

Dr. Andrea Pichlmeier, Leiterin des Referates Bibelpastoral der Diözese Passau

Prof. Dr. Hermann Stinglhammer, Ordinarius für Dogmatische Theologie am Departement der Philosophischen Fakultät der Universität Passau